Der Staatsvertrag über die Reichseisenbahnen

(Reichsgesetz vom 30. April 1920)

erläutert von

Dr. Th. Kittel
Oberregierungsrat

Springer-Verlag Berlin Heidelberg GmbH 1920

ISBN 978-3-662-24295-7 ISBN 978-3-662-26409-6 (eBook)
DOI 10.1007/978-3-662-26409-6

Vorwort

Aus den Bestimmungen der neuen Reichsverfassung über das Eisenbahnwesen und aus dem Staatsvertrag über die Übernahme der Staatseisenbahnen auf das Deutsche Reich ergeben sich so viele wichtige Fragen der Verkehrspolitik und des öffentlichen Rechts, daß es ausgeschlossen ist, sie in einer kleinen Schrift wie der vorliegenden in wissenschaftlicher Weise gründlich zu erörtern. Diese Fragen können darin nur beiläufig angedeutet werden, im übrigen ist diese Ausgabe in erster Linie für den praktischen Gebrauch der Eisenbahnstellen, die mit dem Staatsvertrag zu tun haben, und für die Beamten und sonst Beteiligten bestimmt, deren Rechtskreis durch den Vertrag berührt wird. Wenn ihnen durch die Erläuterungen das Verständnis des Staatsvertrags erleichtert wird, erfüllt diese Schrift ihren Zweck.

Berlin, 20. Mai 1920.

Th. Kittel.

Inhalt

Abkürzungen

Art.	=	Artikel.
Aussch Bericht	=	Bericht des 26. Ausschusses der Nationalversammlung über den Staatsvertrag (Drucks. Nr. 2748/1920).
Begr.	=	Begründung der Reichsregierung zum Entwurf des Gesetzes und Staatsvertrags (Drucksache der Nationalversammlung Nr. 2472/1920).
Besold Ges.	=	Reichs-Besoldungsgesetz vom 30. April 1920.
BGB.	=	Bürgerliches Gesetzbuch.
BO.	=	Eisenbahn-Bau- und Betriebsordnung vom 4. November 1904.
EGBGB.	=	Einführungsgesetz zum Bürgerlichen Gesetzbuch.
PrGS.	=	Preußische Gesetzsammlung.
RGBl.	=	Reichsgesetzblatt.
RV.	=	Verfassung des Deutschen Reichs vom 11. August 1919.
RVM.	=	Reichsverkehrsminister, Reichsverkehrsministerium.

Entstehung und Bedeutung des Staatsvertrags

Der Gedanke eines einheitlichen deutschen Eisenbahnnetzes ist so alt als die deutschen Eisenbahnen selbst. Friedrich List, der weitblickende Nationalökonom, hat ihn schon 1833 in jener denkwürdigen Schrift*) niedergelegt, die zum Bau der ersten großen Eisenbahn (Leipzig—Dresden, eröffnet 1837/39) den Anstoß gab. Und der Gedanke der deutschen Reichseisenbahnen ist sehr bald nach der Gründung des Deutschen Reichs aufgetaucht. Kein Geringerer als Bismarck hat in den siebziger Jahren des vorigen Jahrhunderts ihn zu verwirklichen gesucht, — damals vergeblich; die Zeit war noch nicht gekommen. Die einzelstaatliche Macht der Bundesstaaten war zu stark ausgebildet, die Erkenntnis vom Nutzen und von der Notwendigkeit einheitlicher Reichseisenbahnen hatte die Öffentlichkeit noch nicht genügend durchdrungen. Seither ist der Ruf nach den Reichseisenbahnen immer wieder laut geworden. Um die Jahrhundertwende schien die Verwirklichung nahe gerückt, als nach dem Abschluß der preußisch-hessischen Eisenbahngemeinschaft von Südwestdeutschland her die Bildung einer deutschen Eisenbahngemeinschaft angestrebt wurde. Indessen scheiterte auch damals noch der Versuch am Widerstande der größeren Bundesstaaten.

Nun hat der Krieg dem Zusammenschluß unserer Eisenbahnen den Boden bereitet, und der Umschwung der politischen Verhältnisse hat, wie auf vielen anderen Gebieten des Staatslebens, auch im Eisenbahnwesen den Einheitsgedanken gefördert.

Als nach dem Zusammenbruch unseres alten Reichs die Regierungen und die Nationalversammlung im Jahre 1919 an den Aufbau der neuen Reichsverfassung gingen, sind sie der Bedeutung gerecht geworden, die der Zusammenschluß der großen deutschen Staatsbahnnetze für die Pflege unseres Wirtschaftslebens und für die Stärkung der Reichseinheit besitzt. Art. 89 RV. besagt: „Aufgabe des Reichs ist es, die dem allgemeinen Verkehre dienenden Eisenbahnen in sein Eigentum zu übernehmen und als einheitliche Verkehrsanstalt zu verwalten." Und Art. 171 Abs. 1 ergänzt das dahin, daß „die Staatseisenbahnen spätestens am 1. April 1921 auf das Reich übergehen" sollen. Um das sicherzustellen, wird im Art. 171 Abs. 2 hinzugefügt: „Soweit bis zum 1. Oktober 1920 noch keine Verständigung über die Bedingungen der Übernahme erzielt ist, entscheidet der Staatsgerichtshof." Das bedeutet Androhung der Enteignung der Länder durch das Reich. Sie ist aber nur als Notbehelf gedacht; womöglich soll „Verständigung" Platz greifen, das heißt: ein Vertrag der Länder mit dem Reich wegen der Übernahme ihrer Eisenbahnen für den 1. April 1921 oder einen früheren Zeitpunkt.

*) „Über ein . . . deutsches Eisenbahnsystem", Leipzig 1833

Dieser Weg ist denn auch beschritten, ein Vertrag zwischen dem Reich und den Ländern mit eigenen Staatseisenbahnen ist geschlossen worden: der Staatsvertrag vom 31. März/29. April 1920, der im Reichsgesetzblatt (Nr. 95, Seite 773) „als Gesetz" verkündet worden ist.

Die Regierungen des Reichs und der Länder rechneten zunächst auf Grund des Art. 171 RV. mit dem Übergang der Staatseisenbahnen an das Reich auf den 1. April 1921 und bereiteten wegen der Bedingungen der Übernahme eine Verständigung bis spätestens 1. Oktober 1920 vor. Ende November 1919 wurde jedoch auf Wunsch der beteiligten Länder, deren Steuerhoheit mit dem 1. April 1920 auf das Reich übergeht, von den Regierungen beschlossen, die Übernahme der Staatseisenbahnen durch das Reich bereits für den 1. April 1920 in Aussicht zu nehmen. Mitbestimmend war auch, daß man der Ende 1919 ganz besonders empfindlichen Verkehrsnot eher Herr zu werden hoffte, wenn das Reich die Verwaltung der Eisenbahnen einheitlich in seiner Hand hätte (vgl. Aussch. Bericht S. 8). In der kurzen Zeit von vier Monaten war selbstverständlich an eine neue Organisation der nunmehr im Eigentum des Reichs vereinigten Staatseisenbahnen nicht zu denken, obwohl an sich erst dadurch die Einheit des deutschen Eisenbahnwesens endgültig verwirklicht werden kann. Bei den Vorarbeiten, die zum Staatsvertrag führten, mußten die Regierungen sich darauf beschränken, den staatsrechtlichen Zusammenschluß der sieben deutschen Eisenbahnnetze durchzuführen: die Vereinigung der Verwaltungen in der Hand des Reichs und im Reichshaushalt. Der Staatsvertrag ist nur staatsrechtlich der Abschluß der Entwicklung, tatsächlich und wirtschaftlich bedeutet er nur einen Schritt weiter zum Ziele der deutschen Verkehrseinheit. Erreicht wird diese Einheit erst, wenn auf der Grundlage des Staatsvertrags nunmehr das Reich die Leitung der Reichseisenbahnen in die Hand nimmt und den Neubau der einheitlichen Reichseisenbahnverwaltung aufrichtet, — nach den Grundsätzen, die die Reichsverfassung (Art. 89 u. 92) aufgestellt hat. Es ist nur zu wünschen, daß dabei die Zugeständnisse, die den Ländern im Schlußprotokoll zu § 24 des Vertrags gemacht werden mußten, sich nicht als hemmende Fesseln erweisen!

Aus dem Inhalt des Vertrags sind drei Gruppen von Bestimmungen besonders hervorzuheben:

1. Abmachungen über den Vertragsgegenstand und die Abfindung.
2. Vorbehalte der Länder auf dem Gebiete der Verkehrspolitik,
3. Bedingungen zur Sicherstellung des Personals.

Die vom Reiche zu übernehmenden Vermögensstücke werden im Vertrag nicht einzeln aufgeführt, sondern der Vertrag bestimmt (zugleich als Gesetz) eine Art Gesamtnachfolge: „Das Eisenbahn-Unternehmen" jedes Landes soll „als Ganzes" auf das Reich übergehen. Der Preis, den das Land dafür erhält, die „Abfindung", wird nicht in einer bestimmten Summe ausgedrückt, vielmehr läßt der Vertrag jedem Lande die Auswahl unter verschiedenen Arten der

Berechnung. Die Grundsätze für die Berechnung der Abfindung sind zum Teil in einer Anlage des Vertrags enthalten (unten S. 40).

Als **Vorbehalte der Länder** auf dem Gebiete der Eisenbahnverwaltung und Verkehrspolitik sind zu nennen: Zusicherung einheitlicher Verwaltung in allen Ländern (§ 16), Versprechen der Durchführung der begonnenen, womöglich auch der geplanten Bauten (§§ 17, 18), Unterstützung des Baues von Kleinbahnen (§ 20), Mitteilung der Fahrplanentwürfe (§ 21) durch das Reich; ferner beruhigende Zusagen des Reichs über Tarifpolitik (§ 22) und Vergebung von Lieferungen (§ 23); endlich Gewährleistung weitgehender Dezentralisierung der Reichseisenbahn-Verwaltung (§ 24). Zu diesen Fragen der künftigen Organisation enthält das „Schlußprotokoll" noch eingehende Abmachungen, die darauf abzielen, den Ländern ihren Besitzstand an Eisenbahnbehörden möglichst sicherzustellen. Vgl. auch S. 44 Anm. 12 ff.

Den breitesten Raum im Vertrage nehmen die **Bestimmungen über das Personal** — und zwar zumeist Bedingungen, die die Länder zugunsten des Personals stellen, — ein (§§ 25—42). Die bis jetzt sehr verschiedenartig aufgebauten Beamtenkörper der Einzelnetze an der Hand der neuen Reichsbesoldungsordnung zu einer Einheit zu verschmelzen, ist eine der ersten und gleichzeitig eine der schwierigsten Aufgaben der Reichseisenbahnverwaltung. Bei der großen Zahl des Personals der deutschen Staatseisenbahnen — es kommt nahezu eine Million Köpfe in Betracht — und bei der Bedeutung, die gerade der Behandlung von Personalfragen heutzutage beigelegt wird, mußte in dem Vertrag auf die Sicherung der Rechte des Personals besonderer Wert gelegt werden. An der Abfassung des Vertrags wurde deshalb auch die Vertretung der großen Eisenbahner-Gewerkschaften in weitestem Maße beteiligt.

Die Verhandlungen der Regierungen des Reichs und der Länder über den Staatsvertrag fanden Anfang März 1920 ihren Abschluß. Man konnte damals annehmen, daß der Vertrag im Reich und in den Ländern vor dem 1. April 1920 Gesetz werde. Deshalb kehrt dieser Tag mehrfach im Vertrag als Stichtag wieder: z. B. für den Übergang des Unternehmens, für die Berechnung des Preises, für den Übertritt des Personals in den Reichsdienst. Die politischen Erschütterungen Mitte März, die durch die Namen Kapp-Lüttwitz zu kennzeichnen sind, haben die Verabschiedung des Gesetzes verzögert. Es ist erst am 30. April 1920 ausgefertigt und am 4. Mai 1920 verkündet worden. Das Gesetz selbst und damit auch Teile des Vertrags haben aber **rückwirkende Kraft auf den 1. April 1920.** Dadurch wird die Übersichtlichkeit der Rechtslage teilweise beeinträchtigt. Denn Rückwirkung ist eine Fiktion, sie kann Tatsachen nicht ändern, hat vielmehr nur Bedeutung für die gegenseitigen Ansprüche. So hat z. B. in der Organisation der Verwaltung ein im Vertrage nicht vorgesehener Zwischenzustand vom 1. April bis 4. Mai 1920 sich eingeschoben, während dessen die Verwaltung von den Ländern noch ganz selbständig geführt worden ist, gleichwohl aber nachträglich auf Rechnung des Reichs und mit voller Rechtswirkung für dieses läuft. Der RVM.

hat die oberste Leitung und parlamentarische Vertretung der Reichseisenbahnen, die nach dem Schlußprotokoll (zu § 24 Ziff. 6 II) bereits am 1. April 1920 auf ihn übergehen sollten, erst nach Verkündung des Gesetzes, am 5. Mai 1920, übernehmen können. Und die Beamten sind, obwohl dies der Vertrag (§ 25) vorsieht, schließlich doch nicht mit dem 1. April 1920 als Reichsbeamte in den Reichsdienst getreten, sondern auch erst mit der Verkündung des Gesetzes, — wobei allerdings nachträglich gewisse Wirkungen des Gesetzes auf den 1. April 1920 zurückgreifen.

Der Staatsvertrag ist im Reich und in allen am Vertrage beteiligten Ländern von den gesetzgebenden Körperschaften genehmigt worden, und zwar mit der Wirkung eines Gesetzes. Er hat als Reichs- und Landesgesetz Rechtswirkung nicht nur unter den Vertragschließenden, sondern auch gegenüber Dritten. Das ist namentlich für den Eintritt des Reichs in die Verträge der Eisenbahnverwaltungen von Bedeutung. Das Schlußprotokoll (abgedruckt unten S. 42 ff.) enthält ergänzende Abmachungen der Regierungen; es ist nicht Teil des Gesetzes. Deshalb kann es auf dem gleichen Wege, wie es zustande kam, durch Vereinbarung der sämtlichen beteiligten Regierungen, d. h. ohne Gesetzgebungsakt, auch wieder geändert werden. Dagegen kann der Staatsvertrag selbst nur geändert werden durch übereinstimmende Gesetze des Reichs und aller vertragschließenden Länder.

Bei der Besprechung des Staatsvertrags im 26. Ausschusse der Nationalversammlung wurde von verschiedenen Seiten betont, daß der Vertrag für die Länder zu günstig sei und daß er das Reich zu stark belaste: Die Abfindung sei zu reichlich bemessen, auf dem Gebiete der Organisation würden den Ländern zu weit gehende Zusagen gemacht und endlich sei man den Wünschen des Personals mit der Gewährleistung der Anstellungs- und Beförderungsaussichten (§ 33) zu viel entgegengekommen. Wieweit etwa diese ernsten Bedenken begründet sind, kann erst die Zukunft lehren. Jedenfalls aber hat die Nationalversammlung selbst, indem sie den Vertrag trotzdem genehmigt hat, die Notwendigkeit anerkannt, diese aus politischen Gründen nicht vermeidlichen Bedingungen bei der Verständigung mit den Ländern in Kauf zu nehmen.

Für die Beurteilung der Höhe der Abfindung ist zu berücksichtigen, daß die Abfindung mit etwa 43 Milliarden Mark rund das Doppelte des früheren Friedensbetrags des Anlagekapitals der Staatseisenbahnen ausmacht, während man heute infolge der Veränderungen des Geldwerts und der Preise mit weit mehr als einer Verdoppelung der Anlagewerte zu rechnen hat. Die Erträge der Staatseisenbahnen in früheren Jahren können jetzt überhaupt kaum noch als Maßstab dienen, nachdem sich die wirtschaftlichen Verhältnisse von Grund aus verschoben haben und einerseits die Betriebskosten, anderseits auch die Tarife um ein Vielfaches erhöht worden sind. — Die Zusicherungen, die den Ländern bezüglich der neuen Organisation gemacht werden mußten (Schlußprot. zu § 24), können allerdings, wenn die Länder auf deren restloser Einhaltung bestehen, eine lästige Fessel bei der Neueinteilung des Netzes und der Neugestaltung der Verwaltung der Reichseisenbahnen bilden. Hoffentlich wird aber, bis diese Neuorganisation durchgeführt wird, der Einheitsgedanke noch erstarken und in den Ländern die Erkenntnis sich durchsetzen, daß Verwischung der politischen Ländergrenzen und dafür Zusammenfassung der Wirtschaftsgebiete einer starken Dezentralisierung der Verkehrsverwaltung nicht entgegensteht. Dann können die Länder durch Verzicht auf gewisse Vorbehalte an ihrem Teil mithelfen, die Verwaltung der Reichseisenbahnen so zu gestalten, wie das Gedeihen des Unternehmens und die Rücksichten auf das deutsche Wirtschaftsleben es erheischen. — Endlich kann auch vom Personal und seinen großen Organisationen, denen neuerdings weitgehende Mitwirkung bei der Verwaltung eingeräumt ist, die Einsicht erwartet werden, daß ein wirtschaftlich gesundes, von Reichszuschüssen unabhängiges Reichseisenbahnunternehmen auch für das Wohl des Personals die sicherste Grundlage bietet, und daß die Überspannung persönlicher Forderungen auf die Dauer den Interessen des Personals selbst am meisten zuwiderläuft! Wie unser ganzes Volk sich nur durch Steigerung der Produktion aus dem Tiefstand seiner heutigen Lebenshaltung heraufheben kann, so kann im besonderen das Reichseisenbahnunternehmen nur gesunden, wenn die Leistungen des ganzen Unternehmens mit der Leistung jedes einzelnen möglichst gesteigert werden. Das betont auch die Nationalversammlung in einer Entschließung, die sie bei der Beratung des Staatsvertrags gefaßt hat: „Die Nationalversammlung erwartet, daß die Beamten, Angestellten und Arbeiter der neuen Reichseisenbahnverwaltung ihre volle Arbeitskraft restlos in den Dienst der Verwaltung stellen und so auch ihrerseits mit allen Mitteln zu einer baldigen Gesundung des deutschen Verkehrswesens beitragen werden. Nur wenn alle Volksgenossen einerseits den Willen zur Arbeit bis zum äußersten in die Tat umsetzen und anderseits auch Wünsche, die dem einzelnen berechtigt erscheinen mögen, hinter die Erfordernisse des Gemeinwohls zurückstellen, kann noch auf den politischen und wirtschaftlichen Wiederaufbau Deutschlands gehofft werden.“ (Aussch. Bericht S. 28.)

Die Bedeutung des Zusammenschlusses der deutschen Eisenbahnen in der Hand des Reichs (und damit auch die Bedeutung des Staatsvertrags) liegt — abgesehen von den erhofften Wirkungen in politischer Hinsicht (Stärkung des Reichsgedankens) und für das Wirtschaftsleben (einheitliche Verkehrspolitik) — wesentlich auch auf dem Gebiete der Finanzwirtschaft des Reichs und der Länder. Handelt es sich doch beim Unternehmen der Reichseisenbahnen um Vermögenswerte von vielen Milliarden Mark. Diese Werte scheiden aus dem Vermögen und dem Haushalt der Länder aus. Die Eisenbahnländer verlieren damit den größeren Teil ihres gesamten Staatsvermögens (zugleich allerdings werden sie auch ihrer Schuldenlast ledig); sie geben im Interesse der Reichseinheit gegen eine Geldabfindung einen in Zeiten geordneten Wirtschaftslebens überaus wichtigen Rückhalt ihrer Staatswirtschaft hin. Möge das Reich eine entsprechende Stütze in den Reichseisenbahnen finden, wenn, wie wir hoffen, mit der Gesundung unserer Volkswirtschaft auch der Eisenbahnhaushalt künftig wieder sein sicheres Gleichgewicht findet!

Gesetz, betreffend den Staatsvertrag über den Übergang der Staatseisenbahnen auf das Reich

Vom 30. April 1920

(Reichsgesetzblatt S. 773, Nr. 95, ausgegeben am 4. Mai 1920.)

Die verfassunggebende Deutsche Nationalversammlung hat das folgende Gesetz beschlossen, das mit Zustimmung des Reichsrats hiermit verkündet wird:

Der nachfolgende Staatsvertrag über den Übergang der Staatseisenbahnen auf das Reich wird genehmigt und tritt — unbeschadet seiner Eigenschaft als Vertrag[1]) — mit Wirkung vom 1. April 1920 mit der Maßgabe als Gesetz[2]) in Kraft, daß die Bestimmungen des § 2 Abs. 3 und 4, der §§ 8, 10, 12 bis 24 und 37 für die nicht am Vertrage beteiligten Länder[3]) des Reichs sinngemäß gelten.

Berlin, den 30. April 1920.

Der Reichspräsident
Ebert.

Der Reichsverkehrsminister
Dr. Bell.

[1]) Durch diese Einschaltung soll die Auslegung ausgeschlossen werden, daß etwa durch die Verkündung „als Gesetz" der Staatsvertrag seiner Vertragseigenschaft entkleidet würde und infolgedessen künftig Änderungen einseitig durch das Reich im Wege eines einfachen Reichsgesetzes möglich wären. Offen bleibt allerdings immer noch die Frage, ob bei einem etwaigen Widerstreit zwischen Reichsverfassung (auch künftigen Änderungen derselben) und dem Staatsvertrag nicht doch die Verfassung den Vorrang hat. Denn die Reichsverfassung ist die suprema lex beider, des Reichs und der Länder. [2]) Der Staatsvertrag „tritt als Gesetz in Kraft", d. h. er wird nicht bloß, wie sonstige Staatsverträge, von den gesetzgebenden Körperschaften genehmigt, sondern der Vertrag hat selbst unmittelbar die Wirkung eines Gesetzes: seine Bestimmungen haben für und gegen Dritte die Bedeutung von Rechtssätzen. Das gilt im besonderen von § 1 Abs. 2, worin der Eintritt des Reichs in alle Rechte und Pflichten der Landeseisenbahnverwaltungen als Gesamtnachfolge bestimmt ist. [3]) Wo der Vertrag den „Ländern" Rechte und Pflichten gibt, sind damit nach § 1 Abs. 1 zunächst nur die vertragschließenden acht Länder, nämlich

die Länder, die jetzt eigene Staatseisenbahnen besitzen, gemeint. Nach dieser Sonderbestimmung im Eingang des Gesetzes sind jedoch die Rechte und Pflichten, die nach den dort besonders genannten §§ 2 Abs. 3 u. 4 usw. den „Ländern" zustehen, auf alle Länder des Reichs zu beziehen. Wie die Reichsregierung ergänzende Abmachungen zu diesem Staatsvertrag mit den Eisenbahnländern in dem Schlußprotokoll vereinbart hat (vgl. S. 42 ff.), wird sie auch noch einen besonderen Vertrag mit den Ländern ohne Eisenbahnbesitz schließen, der in seiner Bedeutung und zum Teil auch seinem Inhalt nach dem Schlußprotokoll entsprechen wird.

Staatsvertrag

Die Reichsregierung und die Regierungen von Preußen, Bayern, Sachsen, Württemberg, Baden, Hessen, Mecklenburg-Schwerin und Oldenburg schließen unter Vorbehalt der Zustimmungen der gesetzgebenden Versammlungen den nachstehenden Vertrag:

§ 1

Vertragsgegenstand. Rechtsnachfolge

1. Die Staatseisenbahnen[1]) der vertragschließenden Länder (im folgenden „Länder" genannt) gehen am 1. April 1920 in das Eigentum des Reichs über[2]).

2. Das Reich übernimmt das Eisenbahnunternehmen jedes Landes als Ganzes mit allem Zubehör und allen damit verbundenen Rechten und Pflichten. Der Eintritt des Reichs in die laufenden[3]) Verträge hat Rechtswirkung auch gegenüber den bisherigen Vertragsgegnern der Länder[4]).

3. Mit den Eisenbahnen gehen auch ihre Nebenbetriebe[5]), soweit sie nicht schon als Zubehör anzusehen sind, insbesondere die Fähren, die Bodenseedampfschiffahrt, die Häfen und die Kraftwagenbetriebe auf das Reich über. Den Regierungen der Länder bleibt vorbehalten, einzelne solcher Nebenbetriebe von dem Übergang auf das Reich auszuschließen[6]).

Siehe auch Schlußprotokoll (unten S. 42)

[1]) Sämtliche am 31. März 1920 im Eigentum der vertragschließenden Länder stehenden Haupt- und Nebeneisenbahnen im Sinne der BO., gleichviel, ob alle Linien im einzelnen als „Eisenbahnen des allgemeinen Verkehrs" im Sinne der RV. (Art. 89 ff.) anzusehen sind. Vgl. auch Anm. 2 zu § 14. [2]) Der Eigentumswechsel tritt kraft Gesetzes ein, ohne daß es irgendwelcher rechtsgeschäftlicher Maßnahmen bedarf. Den Umfang der Vermögensstücke,

die von diesem Eigentumswechsel betroffen werden, bestimmen Abs. 2 und 3. § 2 regelt im besonderen den Übergang des Grundeigentums und der dinglichen Rechte. [3]) „Laufend" sind die Verträge, die die Staatseisenbahnverwaltungen der Länder vor dem 1. April 1920 geschlossen haben und deren Wirkung sich über diesen Zeitpunkt hinaus erstreckt. Der Staatsvertrag schließt nicht aus, daß die Länder ihre bis zum 31. März 1920 bestehenden Verträge durch Vereinbarung auflösen. Bei Kontokorrentverträgen ist es jedenfalls angezeigt, Abrechnung des Saldos auf den 31. März 1920 zu vereinbaren. [4]) Da der Staatsvertrag Gesetzeskraft hat, ist er auch für Dritte verbindlich. Daher Eintritt des Reichs in die Verträge der Eisenbahnverwaltungen der Länder nicht durch Einzelrechtsgeschäft, sondern als Gesamtnachfolge ex lege. [5]) „Zubehör" (BGB. § 97) sind solche bewegliche Sachen, die dem wirtschaftlichen Zwecke der Eisenbahnunternehmung zu dienen bestimmt sind und zu ihr in einem dieser Bestimmung entsprechenden räumlichen Verhältnisse stehen. „Nebenbetriebe" dagegen sind der Eisenbahn zwar geschäftlich nahestehende, jedoch in sich geschlossene, wirtschaftlich selbständige Unternehmungen, die nur in der Person des Unternehmers mit der Eisenbahnverwaltung vereinigt sind. Äußeres Merkmal ist, daß die Nebenbetriebe nicht zum Anlagekapital der Eisenbahn verbucht sind. [6]) Für die Nebenbetriebe gilt Art. 89 RV. (Übernahme kraft Verfassung) nicht. Die Übertragung an das Reich ist freiwillig; die freie Wahl der Länder, ob sie einen Nebenbetrieb mit übertragen wollen, wird hier so geregelt, daß das Land, wenn es die Übertragung nicht wünscht, dies ausdrücklich erklären muß. Dem Wortlaut nach müßte die Erklärung vor dem Übergang auf das Reich, d. h. vor dem 1. April 1920, abgegeben sein. Man wird sie mindestens unverzüglich nach dem Inkrafttreten des Gesetzes abgeben müssen. Ein solcher Ausschluß vom Übergang auf das Reich kann besonders bei den Personenkraftwagenlinien in Sachsen, Baden und Mecklenburg in Betracht kommen.

§ 2

Grundeigentum

1. Alle Grundstücke der Länder, die Eisenbahnzwecken gewidmet[1]) oder für solche bestimmt[2]) sind, gehen in das Eigentum des Reichs über, gleichviel ob und unter welcher Bezeichnung das Land als Eigentümer im Grundbuch eingetragen[3]) ist. Das gleiche gilt von Grundstücken, die Eisenbahnzwecken gewidmet waren und von Eisenbahnbehörden verwaltet werden[4]). Ferner gehen alle der Eisenbahnverwaltung eines Landes zustehenden Rechte an Grundstücken auf das Reich über, auch solche, die durch Rechtsgeschäft nicht übertragbar[5]) sind. Grundstücke, die für die Eisenbahnverwaltung eingetragen, aber als für Eisenbahnzwecke dauernd entbehrlich anderen Staatsverwaltungen überwiesen sind, können auf Verlangen eines der Ver-

tragschließenden vom Übergang auf das Reich ausgeschlossen werden[6]).

2. Das Reich kann die Übertragung des Eigentums an Grundstücken, die von der Eisenbahnverwaltung und anderen Staatsverwaltungen gemeinschaftlich benutzt werden und nicht schon nach Abs. 1 auf das Reich übergehen[7]), gegen Entschädigung beanspruchen, wenn sie vorwiegend Eisenbahnzwecken gewidmet sind. Überwiegt die Benutzung durch die Eisenbahnverwaltung nicht, so kann das Reich die Weiterbenutzung gegen eine angemessene jährliche Vergütung, im übrigen unter den bisherigen Bedingungen beanspruchen.

3. Das Eigentum und die Rechte an Grundstücken gehen auf das Reich über, ohne daß es dabei der Beobachtung der für die Übertragung des Eigentums oder des Rechtes vorgeschriebenen Form bedarf. Die Reichseisenbahnbehörden und die mit der Abwicklung der bisherigen Verwaltung in den Ländern beauftragten Stellen[8]) werden in gemeinsam ausgestellten öffentlichen Urkunden[9]) den Grundbuchämtern die Grundstücke und die Rechte an Grundstücken bezeichnen[10]). Auf Grund dieser Urkunden ist das Grundbuch zu berichtigen[11]).

4. Steuern[12]), Gebühren[13]), Kosten und Auslagen dürfen aus Anlaß des Eigentumswechsels weder durch das Reich noch durch die Länder oder andere Steuerberechtigte in den Ländern erhoben werden.

Siehe auch Schlußprotokoll (unten S. 42)

[1]) „Gewidmet“, d. h. tatsächlich für das Eisenbahnunternehmen benutzt. [2]) Gleichviel, ob von der Eisenbahn oder einem anderen Zweige der Staatsverwaltung verwaltet; Voraussetzung der „Bestimmung“ ist aber immer ein Verwaltungsakt, durch den diese Bestimmung für Eisenbahnzwecke ausgesprochen ist. [3]) Voraussetzung ist, daß das Grundstück am 31. März 1920 Staatseigentum des Landes ist u n d daß es für Eisenbahnzwecke gewidmet oder bestimmt ist. Der Eintrag im Grundbuch lautet in manchen Ländern auf die „Eisenbahnverwaltung“ oder den „Eisenbahnfiskus“, in anderen Ländern ist schlechthin der „Staat“ oder „Staatsfiskus“ eingetragen; zum Teil sind die Eisenbahngrundstücke überhaupt aus dem Grundbuch ausgeschieden, — das alles ist hier für den Eigentumsübergang unwesentlich. [4]) Zum Beispiel Gelände eines außer Betrieb gesetzten alten Bahnhofs, soweit es nicht bereits einer anderen Staatsverwaltung überwiesen ist. [5]) „Nicht übertragbar“ sind z. B. die beschränkten persönlichen Dienstbarkeiten (BGB. § 1092), die bei Eisenbahnunternehmungen u. a. als Wasserleitungsrechte vorkommen. [6]) Dieser Satz gilt nur für solche Länder, in denen der Grundbuch-

eintrag auf die „Eisenbahn"-Verwaltung lautet (vgl. Anm. 3). Für die Abfindung (§ 3 ff.) muß der Betrag vom Anlagekapital gekürzt werden, mit dem das Grundstück am 31. März 1920 etwa noch im „Anlagekapital" enthalten war. [7]) Wenn sowohl die Voraussetzung des Abs. 2 (gemeinschaftliche Benutzung) als auch des Abs. 1 (Widmung oder Bestimmung für Eisenbahnzwecke) bei einem Grundstück gegeben sind, geht Abs. 1 vor. Das ist wegen der Entschädigung wichtig, die im Falle des Abs. 1 gemäß § 3 ff. auf Grund des Anlagewerts, im Falle des Abs. 2 auf Grund des Zeitwerts zu berechnen ist. [8]) Vgl. Schlußprotokoll zu § 27. [9]) Stempel und Unterschrift beider Teile (Reichseisenbahnbehörde und Abwicklungsstelle) sind erforderlich. Im übrigen genügen als „Urkunden" einfache Verzeichnisse der Grundstücke, die erkennen lassen, daß es sich um Grundstücke und Rechte im Sinne des Abs. 1 handelt. [10]) Die Grundstücke müssen in der Urkunde so bezeichnet werden, wie sie im Grundbuch verzeichnet sind (z. B. bei ganzen Grundstücken Nummer des Grundbuchblatts, bei Grundstücksteilen Flurbuchnummer oder dgl.). Fehlt eine solche Bezeichnung, etwa weil das Grundstück noch nicht vermessen ist, so muß dies zunächst nachgeholt werden. [11]) Die Berichtigung hat von Amts wegen zu erfolgen, sobald die Urkunde vorliegt. Besonderer Antrag und Eintragungsbewilligung sind nicht erforderlich. [12]) Zum Beispiel Besitzwechselabgaben oder Wertzuwachssteuer. [13]) Die Gebühren der Notare usw. werden dadurch nicht berührt (Aussch. Bericht S. 20).

§ 3

Abfindung

1. Als Abfindung[1]) für die Übertragung des gesamten Eisenbahnunternehmens[2]) gewährt das Reich den Ländern nach Wahl jedes Landes entweder[3])

a) den Betrag des Anlagekapitals nach dem Stande vom 31. März 1920 oder

b) den Betrag des Anlagekapitals nach dem Stande vom 31. März 1920, erhöht um die Hälfte des Betrags, um den der nach den Ergebnissen der Rechnungsjahre 1909 bis 1913 ermittelte Ertragswert dieses Anlagekapital übersteigt sowie

c) in beiden Fällen Ersatz der Fehlbeträge, die bei den Eisenbahnverwaltungen der Länder in der Zeit vom Beginne des Rechnungsjahrs 1914 bis zum 31. März 1920 entstanden sind, abzüglich der in diesen Fehlbeträgen enthaltenen Ausgaben, die auf Grund besonderer gesetzlicher Vorschrift den Ländern vom Reiche erstattet werden.

2. Das Anlagekapital und der Ertragswert sind nach den in der Beilage dargelegten Grundsätzen zu berechnen[4]).

3. Als Fehlbeträge gelten die Beträge, um die im einzelnen Rechnungsjahre die Betriebsausgaben und der Anteil der Eisenbahnverwaltung an den Aufwendungen für Verzinsung, Tilgung und Verwaltung der Staatsschulden die Betriebseinnahmen überstiegen haben[5]). Ausgaben, die dem Anlagekapital zugerechnet werden, sind aus den Betriebsausgaben auszuscheiden.

[1]) Die „Abfindung" ist Gesamtentschädigung, auch für alle Nebenleistungen (z. B. am 1. April 1920 vorhandene neue Betriebsstoffe) und für alle nach § 1 Abs. 2 übergehenden Forderungen; vgl. auch § 9. [2]) Auch für die Nebenbetriebe wird nur Entschädigung nach § 3 gewährt. Besondere Entschädigung ist dagegen in § 2 Abs. 2 vorgesehen. [3]) Hiermit hängt unmittelbar § 4 Abs. 2 zusammen. Zur Wahl steht entweder

a) Anlagekapital unter Übernahme der Schuld zum 22²/₃fachen Jahreszins und Verzinsung der Restschuld (§ 4 Abs. 3) zu 4½ %, oder

b) arithmetisches Mittel zwischen Anlagekapital und Ertragswert unter Übernahme der Schuld zum 25fachen Jahreszins und Verzinsung der Restschuld zu 4 %.

Dem Vorteil günstigerer Kapitalisierung der vom Reich übernommenen Schuld und höherer Verzinsung der Restschuld für die Länder, die sich für a entscheiden, steht der Vorteil der Berücksichtigung des höheren Ertragswertes bei den Ländern gegenüber, die b wählen. [4]) „Nach der Beilage werden dem Anlagekapital Aufwendungen aus Betriebseinnahmen hinzugerechnet (insbesondere für Ergänzung der Bahnanlagen, Verstärkung des Oberbaues, Mehrbeschaffung von Fahrzeugen), die man bisher beim Anlagekapital nicht berücksichtigt hat, weil sie als Ersatz für die sonst notwendigen Abschreibungen angesehen worden sind. Ferner werden u. a. hinzugesetzt die Beiträge Dritter und die Wertbeträge der unentgeltlich überlassenen Grundstücke. Der Ertragswert wird in der Weise gefunden, daß der durchschnittliche Betriebsüberschuß der Jahre 1909 bis 1913 ermittelt und auf das durchschnittliche Anlagekapital dieser Jahre bezogen worden ist, wobei sich die in der Beilage aufgeführten Prozentsätze ergeben haben. Dabei sind die Aufwendungen aus Betriebseinnahmen von den Ausgaben abgesetzt worden, weil sie als zum Anlagekapital gehörig angesehen wurden; der Betriebsüberschuß hat sich also entsprechend erhöht. Außerdem ist bei der Berechnung der Überschüsse ein Teil der Ausgaben auf Durchschnittsbeträge für alle Länder gebracht worden. Die so gefundene Prozentzahl der Beilage wird dann wieder auf das Anlagekapital vom 1. April 1920 übertragen; der sich daraus ergebende Betriebsüberschuß für dieses Jahr wird mit dem 25fachen kapitalisiert. Diese Art der Berechnung ergibt sowohl bei dem Anlagekapital als auch beim Ertragswert höhere Beträge als

bei der sonst üblich gewesenen Berechnungsweise. Von seiten des Reichs ist aber dieser Berechnung zugestimmt worden, um den sehr viel weitergehenden Forderungen der Länder entgegenzukommen, die daraus abgeleitet wurden, daß infolge der Geldentwertung der Sachwert des Unternehmens gestiegen ist. Eine Erstattung der Fehlbeträge erschien billig, da die Länder nicht mit Unrecht geltend gemacht haben, daß sie nach Aufgabe der Eisenbahnen nicht mehr in der Lage seien, diese als Kriegsfolge zu betrachtenden Fehlbeträge durch die besseren Erträgnisse späterer Jahre auszugleichen. Im ganzen stellt sich die Vereinbarung über die Abfindung als Vergleich auf einer mittleren Linie dar. Die Höhe der Schuld des Reiches hängt noch von der Wahl der Länder und der Feststellung der endgültigen Zahlen für den 1. April 1920 ab. Sie ist unter Berücksichtigung der Bestimmungen in § 4 über die Anrechnung der übernommenen Schulden auf 40 bis 43 Milliarden zu schätzen." (Begr.)
[5]) Maßgebend ist also lediglich der buchmäßige Unterschied zwischen Einnahmen und Ausgaben der Eisenbahnverwaltung ohne Rücksicht auf etwaige Deckung aus anderen Staatsmitteln.

§ 4

Zahlung und Stundung der Abfindung

1. In Anrechnung auf die Abfindung[1]) übernimmt[2]) das Reich die schwebenden Schulden der Länder zum Nennwert nach dem Stande vom 31. März 1920 mit Wirkung vom 1. April 1920. Nähere Vereinbarungen bleiben vorbehalten. Die für die Zeit nach dem 31. März 1920 gezahlten Zinsen werden vom Reiche erstattet.

2. Auf Verlangen eines Landes wird das Reich in Anrechnung auf die Abfindung[1]) durch Reichsgesetz die fundierten Schulden dieses Landes in der Weise übernehmen, daß nach Wahl des Landes entweder das Reich alleiniger Schuldner wird oder neben dem als Hauptschuldner haftenden Reiche das Land als selbstschuldnerischer Bürge haftet[3]). In beiden Fällen wird das Reich die Tilgung nach den bisherigen Bestimmungen der Länder vornehmen. Die Schulden des Landes werden,

a) wenn die Abfindung nach § 3 Abs. 1a festgesetzt worden ist, zu dem mit $22^2/_9$,
b) wenn die Abfindung nach § 3 Abs. 1b festgesetzt worden ist, zu dem mit 25

vervielfältigten[4]) Betrage der Jahreszinsen nach dem Stande vom 31. März 1920 angerechnet.

3. Der durch die Übernahme schwebender oder fundierter Schulden nicht gedeckte Rest der Abfindung wird gestundet und

vom Reiche den Ländern, deren Abfindung nach § 3 Abs. 1a festgesetzt worden ist, mit 4½ v. H., den Ländern, deren Abfindung nach § 3 Abs. 1b festgesetzt worden ist, mit 4 v. H. verzinst. Die Zinsen sind bis auf anderweite Vereinbarung am Schlusse jedes Kalendervierteljahrs zu zahlen. Über die Tilgung bleibt nähere Vereinbarung vorbehalten[5]).

4. Ein Land, das von dem ihm nach Abs. 2 zustehenden Rechte der Übertragung fundierter Schulden auf das Reich nicht Gebrauch macht, kann verlangen, daß für seine am 31. März 1920 bestehenden Schulden vom Reiche durch Reichsgesetz die selbstschuldnerische Bürgschaft übernommen wird.

5. In den Fällen des Abs. 2 wird bis auf weitere Vereinbarung die Verwaltung der auf das Reich übergehenden Schulden der Länder von diesen auf Kosten des Reichs geführt. Schuldbuchforderungen werden nach näherer Vereinbarung in solche gegen das Reich umgewandelt.

6. Über den nicht durch Übernahme von Schulden gedeckten Rest der Abfindung erteilt das Reich den Ländern Schuldscheine[6]).

[1]) Der Vertrag geht davon aus, daß die Abfindung bei allen Ländern die Summe der schwebenden und der fundierten Schulden übersteigt. [2]) Diese Bestimmung bedeutet keine Schuldübernahme, sondern nur ein pactum de contrahendo. Erst die „nähere Vereinbarung" wird bestimmen, ob das Reich die Schuld als Schuldner oder nur zur Erfüllung übernehmen (entsprechend § 415 bez. § 329 BGB.) soll. Bei der schwebenden Schuld wird wohl das erstere praktisch sein, indem das Reich bei der Verlängerung der Kredite an Stelle des Landes als Schuldner eintritt. [3]) Auch hier ändert der Vertrag selbst nichts am Schuldverhältnis zwischen dem Land und seinem Gläubiger. Zunächst muß alsbald (§ 6 Abs. 2) das Land dem Reich erklären, ob es wünscht

A. Eintritt des Reichs in die Schuld; in diesem Fall ist das Land kraft Gesetzes von seiner Schuld zu befreien. Dadurch wird die nach § 415 BGB. an sich nötige Genehmigung des Gläubigers ersetzt.

B. Eintritt des Reichs in die Schuld unter Versetzung des Landes durch Gesetz aus der Stellung des Schuldners in die des selbstschuldnerischen Bürgen (BGB. § 773 Ziff. 1).

C. Bloße Übernahme selbstschuldnerischer Bürgschaft durch das Reich (Abs. 4).

Danach muß das Reich ein Reichsgesetz erlassen, das für die neuen Beziehungen zum Gläubiger die Grundlage bietet. In den Fällen A und B vermindert sich die nach Übernahme der schwebenden Schulden verbleibende Restschuld des Reichs um den übernommenen Betrag, im Falle C gilt die Abfindung als gestundet und ist vom Reich zu verzinsen; vgl. Abs. 3. [4]) Diese

Vervielfältigungszahlen entsprechen dem Zinssatz in Abs. 3. [5]) Das Land hat keinen bestimmten Anspruch auf Rückzahlung, sondern nur auf Zinsen und ganz allgemein darauf, daß überhaupt getilgt, d. h. in angemessenen Teilzahlungen zurückgezahlt wird. Kommt es hierüber zu keiner „Vereinbarung", so entscheidet der Staatsgerichtshof nach § 43. [6]) Pfandrechtliche Sicherung **kann** verlangt werden; vgl. § 5 Abs. 3.

§ 5

Sicherung

1. Das Reich verpflichtet sich, die Zinsen und Tilgungsbeträge für die übernommenen fundierten Schulden und für den nicht durch Übernahme von Schulden der Länder gedeckten Teil der Abfindung an erster Stelle aus den Rohüberschüssen der Reichseisenbahnverwaltung (Überschüsse der ordentlichen Einnahmen über die fortdauernden Ausgaben) zu bezahlen[1]). Als ordentliche Einnahmen und fortdauernde Ausgaben sind die im Kapitel 3 und 87 des Haushalts der Reichseisenbahnen für das Rechnungsjahr 1918 enthaltenen Einnahme- und Ausgabeposten anzusehen. Hierdurch wird an der Haftung des Reichs in dem Falle nichts geändert, daß ein Rohüberschuß nicht erzielt wird oder daß der Rohüberschuß zur Deckung der Zinsen und Tilgungsbeträge nicht ausreicht.

2. Das Vermögen und die Einkünfte der Reichseisenbahnverwaltung haften nicht für die vor dem 1. April 1920 entstandenen Schulden des Reichs[2]).

3. Auf Verlangen eines Landes wird das Reich zur Sicherung des gestundeten Teiles der Abfindung den Ländern ein Pfandrecht an den zum Eisenbahnunternehmen des Reichs gehörenden Grundstücken und sonstigen Vermögensgegenständen einräumen[3]).

[1]) Das bedeutet: Die Schulden aus diesem Vertrag gehen bei der Verwendung der Rohüberschüsse allen anderen Schulden des Reichs vor, also nicht nur den alten (vgl. Abs. 2), sondern auch neu hinzukommenden Reichsschulden. [2]) Hier wird bewußt von dem allgemeinen Rechtsgrundsatz abgewichen, daß das gesamte Vermögen des Schuldners für alle seine Schulden haftet. Die Fassung „haften nicht" schließt übrigens nur den Zugriff der Gläubiger aus. Trotzdem ist es möglich, daß **nach** der Erfüllung der Zinsen- und Tilgungsschuld gemäß Abs. 1 aus einem etwaigen Rest der Einnahmen auch alte Reichsschulden gedeckt werden. [3]) Ein solches Pfandrecht am gesamten Unternehmen der Reichseisenbahnen (entsprechend EGBGB. Art. 112) kann nicht durch einfaches Rechtsgeschäft bestellt

werden. Dazu müßte ein besonderes Reichsgesetz erlassen werden. Das Pfandrecht kann nur einheitlich bestellt werden: für alle Länder gemeinsam am gesamten Reichseisenbahnunternehmen. Teilbelastung ist schon aus praktischen Gründen (z. B. Betriebsmittel) ausgeschlossen.

§ 6

Feststellung der Abfindung

1. Die für die endgültige Abfindung maßgebenden Beträge werden gemeinsam[1]) festgestellt werden, wenn die Rechnungsergebnisse für die Zeit bis zum 31. März 1920 vorliegen. Vorläufig werden sie durch gemeinsame Schätzung ermittelt.

2. Die Länder haben alsbald nach Abschluß dieses Vertrags zu erklären, ob sie die Abfindung nach § 3 Abs. 1 a oder b wählen[2]) und ob sie gemäß § 4 Abs. 2 die Übernahme der fundierten Schulden durch das Reich verlangen[3]). Die Wahl der Abfindung nach § 3 Abs. 1 a oder b kann innerhalb einer vom Reichsverkehrsminister zu bestimmenden Frist von mindestens einem Monat nach endgültiger Feststellung der für die Abfindung maßgebenden Beträge geändert werden.

3. Bis zur endgültigen Feststellung der Abfindung verzinst das Reich den Ländern den Betrag, um den die um 10 v. H. verminderte geschätzte Abfindung die Summe der vom Reiche übernommenen Schulden übersteigt. Nach endgültiger Feststellung der Abfindung werden die zuviel oder zuwenig gezahlten Zinsen ausgeglichen.

Siehe auch Schlußprotokoll (unten S. 43)

[1]) „gemeinsam" kann nur bedeuten: von allen Vertragschließenden zusammen. [2]) Die Erklärung dieser Wahl ist Voraussetzung für die Schätzung nach Abs. 1. [3]) Davon hängt der Erlaß des Reichsgesetzes nach § 4 Abs. 2 ab. Auch das nach § 4 Abs. 4 unter Umständen zu erlassende Reichsgesetz setzt eine Erklärung des Landes voraus; doch ist dafür keine Frist bestimmt.

§ 7

Befreiung von Reichssteuern

1. Die nach diesem Vertrag an die Länder zu zahlenden Zinsen und Tilgungsbeträge sind frei von Steuern und Abgaben des Reichs[1]).

2. Das Reich wird aus der Übernahme der Eisenbahnen keinen Anlaß zur Kürzung der den Ländern gewährleisteten Anteile an den Steuereinnahmen entnehmen[2]).

[1]) z. B. Kapitalertragssteuer. [2]) bezieht sich auf § 56 Abs. 3 des Landessteuergesetzes vom 30. März 1920 (RGBl. S. 402). Ohne diese Bestimmung im Staatsvertrag könnten die dem Lande gewährleisteten Steueranteile unter Umständen gekürzt werden, weil das Reich dem Lande mit der Eisenbahn Verwaltungsaufgaben abnimmt.

§ 8

Veräußerung, Verpfändung

Zu einer Veräußerung oder Verpfändung der durch diesen Vertrag erworbenen Eisenbahnen[1]) bedarf das Reich der Zustimmung der Landesregierungen[2]).

[1]) Die Beschränkung der Veräußerung gilt selbstverständlich nicht für alle einzelnen zum Eisenbahnunternehmen gehörenden Gegenstände, sondern nur für „die .... Eisenbahnen", d. h. das Unternehmen als Ganzes oder wesentliche Teile. Man wird entsprechend § 1122 BGB. „die Grenzen einer ordnungsmäßigen Wirtschaft" als entscheidend anzusehen haben. Bei Verpfändung, d. h. Bestellung eines Pfandrechts, wird Zustimmung zu fordern sein, selbst wenn es sich nur um einzelne Gegenstände handeln sollte. [2]) Zustimmen muß nicht nur das jeweils örtlich beteiligte Land der belegenen Sache, sondern alle Länder, sogar die nicht am Vertrag beteiligten (vgl. Eingang des Gesetzes, oben S. 6).

§ 9

Einnahmen und Ausgaben

Vom 1. April 1920 an fließen alle Einnahmen dem Reiche zu und werden alle Ausgaben vom Reiche bestritten[1]).

[1]) Von allen Staatseisenbahnen muß auf den 31. März 1920 ein Rechnungsabschluß gemacht werden, etwa nach Art des üblichen Jahresabschlusses. Nachdem das Reich (§ 3 Abs. 1c) die bei allen Eisenbahnverwaltungen 1919/1920 vorhandenen Fehlbeträge übernimmt, hat es keine praktische Bedeutung, ob einzelne Einnahme- oder Ausgabeposten beim Rechnungsabschluß auf Rechnung des Reichs oder des Landes gesetzt werden. Vor allem braucht nicht bei jeder einzelnen Forderung, die gemäß § 1 Abs. 2 auf das Reich übergeht, besonders ermittelt zu werden, ob sie ihrem Entstehungsgrunde nach zum bisherigen Eisenbahnunternehmen des Landes (bis 31. März 1920) oder zu dem des Reichs (vom 1. April 1920 an) gehört.

§ 10

Geltung der Landesgesetze

1. Die Gesetze und Verordnungen[1]) der Länder über das Eisenbahnwesen[2]) bleiben unbeschadet der Bestimmungen der Reichsverfassung[3]) bis zu einer anderweitigen reichsgesetzlichen

Regelung insoweit in Kraft[4]), als die Voraussetzungen für ihre Anwendung nach dem Übergange der Eisenbahnen auf das Reich noch gegeben sind[5]).

2. Die Länder werden gesetzliche oder sonstige Bestimmungen, die Eisenbahnen des allgemeinen Verkehrs betreffen, nur im Benehmen mit der Reichsregierung erlassen[6]).

[1]) Rechtsverordnungen, im Gegensatz zu Verwaltungsanordnungen (§ 30 Abs. 3 und § 41). [2]) Unter „Eisenbahnwesen" sind, wie allgemein nach der RV., nur die „Eisenbahnen des allgemeinen Verkehrs" zu verstehen, für das Kleinbahnwesen sind die Länder unbeschränkt zuständig; vgl. Art. 7 Ziff. 19 RV. [3]) d. h., soweit nicht bereits die RV. sie aufhebt. So gehen z. B. Hoheitsrechte und Enteignungsbefugnis bezüglich der Reichseisenbahnen mit deren Übernahme auf das Reich über: Art. 90 RV. [4]) In Kraft bleiben z. B. die baurechtlichen Vorschriften und die Sachschädengesetze (EGBGB. Art. 105) der Länder; ferner landesrechtliche Vorschriften über die Zuständigkeit der Eisenbahnbehörden zum selbständigen Erlaß von Strafverfügungen in Bahnpolizeisachen. [5]) Das ist namentlich nicht der Fall, soweit die Gesetze und Verordnungen sich lediglich auf die eigenen Staatsbahnen des Landes bezogen haben und daher nicht ohne weiteres auch für die Reichseisenbahnen gelten können; z. B. über Kostenfreiheit vor Gerichten. [6]) Ein Zugeständnis der Länder an das Reich — aus politischen Gründen. Die RV. läßt an sich den Ländern freie Hand, soweit nicht die Materie durch Reichsgesetz geregelt ist. Das Reich hat hier nicht „die ausschließliche Gesetzgebung": Art. 7 gegenüber Art. 6 RV.

§ 11

Eintritt in Staatsverträge

Das Reich tritt in die Staatsverträge der Länder ein[1]), soweit sie Rechte und Pflichten für die Eisenbahnverwaltung[2]) begründen[3]).

[1]) Sachlich ergibt sich das schon aus § 1 Abs. 2. Bindende Rechtswirkung gegenüber dem Vertragsgegner hat diese gesetzliche Rechtsnachfolge allerdings nur, soweit es sich um Staatsverträge zwischen deutschen Ländern handelt. Anderen Staaten gegenüber bleibt auf Grund dieses § 11 aber mindestens Erfüllungsübernahme durch das Reich (ähnlich § 329 BGB.) wirksam, selbst wenn der Eintritt des Reichs als Vertragsteil nicht möglich ist. [2]) Den „Rechten und Pflichten für die Eisenbahnverwaltung" steht die Ausübung der Staatsgewalt, „die Hoheitsrechte" gegenüber, die z. T. auch den Gegenstand von Staatsverträgen bilden. Soweit die RV. die Hoheitsrechte dem Reich überträgt (Art. 90, 94), wirkt das auch gegenüber Staatsverträgen. Dagegen bleiben auch nach § 11 die **Länder** z. B. zuständig, soweit die Staatsverträge Konzessionierung von Privatbahnen oder Kleinbahnfragen behandeln. [3]) § 11 schließt selbstver-

ständlich nicht aus, daß Staatsverträge der Länder durch diesen Staatsvertrag ganz erlöschen, weil sie sachlich gegenstandslos werden: z. B. der preußisch-hessische Vertrag vom 23. Juni 1896 über gemeinschaftliche Verwaltung des beiderseitigen Eisenbahnbesitzes. Auch Vereinigung von Gläubiger und Schuldner in der Person des Reichs bewirkt in derartigen Fällen Erlöschen des Vertrages.

§ 12

Rechtsstellung der Reichseisenbahnbehörden

Den Reichseisenbahnbehörden stehen alle Befugnisse öffentlich-rechtlicher Art zu, die bisher den Eisenbahnbehörden der Länder zugestanden haben[1]).

Unter „Befugnissen öffentlich-rechtlicher Art" ist hier die Ausübung der Staatsgewalt zu verstehen. § 12 bedeutet nicht den Übergang öffentlich-rechtlicher Rechte vom Land auf das Reich (denn dies bestimmen schon §§ 1 Abs. 2 und 11), sondern regelt die Zuständigkeit zur Ausübung der Staatsgewalt. Diese geht im wesentlichen nach Art. 90 RV. auf das Reich über („Hoheitsrechte, die sich auf das Eisenbahnwesen beziehen", und „Enteignungsbefugnis"). Vereinzelt haben aber die Eisenbahnbehörden der Länder bisher auch Teile der Staatsgewalt („Hoheitsrechte") ausgeübt, die sich als solche nicht gerade nur auf das E i s e n b a h n wesen im besonderen beziehen, sondern Ausfluß der a l l g e m e i n e n Staatsgewalt sind, z. B. Erlaß von Strafverfügungen. Ferner überträgt die RV. dem Reiche nicht alle „Hoheitsrechte", die das Eisenbahnwesen betreffen, sondern nur soweit sie sich auf die vom Reich übernommenen oder künftig von ihm zu bauenden Bahnen beziehen (Art. 90, 94), also z. B. nicht die Konzessionierung von Privatbahnen. Für diese Fälle, in denen das Reich nicht schon nach der RV. zuständig ist, will nun § 12 bestimmen, daß die Teile der Staatsgewalt, die bisher in der Hand von Eisenbahnbehörden waren, darin bleiben und mit auf die Reichseisenbahnen übergehen sollen. Ein wichtiges Beispiel ist die Zuständigkeit zur Genehmigung der Baupläne nach § 4 des Preuß. Eisenbahngesetzes vom 3. Nov. 1838. — Der Begriff „Enteignungsb e f u g n i s" (Art. 90 RV.) ist nicht so weit auszulegen, daß außer der Feststellung des Enteignungsfalls auch noch Durchführung des Enteignungs v e r f a h r e n s darunter zu begreifen wäre.

§ 13

Aufsicht über Privateisenbahnen

Die dem Reiche zustehende Aufsicht[1]) über die Privateisenbahnen (Art. 95 der Reichsverfassung) wird gemäß den Gesetzen (vgl. § 10), Genehmigungsurkunden[2]) und Staatsverträgen der Länder ausgeübt.

[1]) Art. 95 RV. bringt nicht klar zum Ausdruck, ob das Reich die Aufsicht nur auf den dort genannten Sachgebieten — als Ober-

aufsicht nach Art des bisherigen Reichs-Eisenbahn-Amts —, neben der sonstigen Beaufsichtigung durch die Landesregierung, oder ob das Reich allein die gesamte Aufsicht führen soll. § 13 des Vertrages entscheidet in letzterem Sinn. Zugleich übernimmt aber durch § 13 das Reich die Beschränkung, daß es bei der Aufsichtsführung auch künftig das Landesrecht und die Genehmigungsbedingungen der Länder berücksichtigen wird. Nach dem Gesetz (oben S. 6) gilt § 13 auch für die Länder Eisenbahnbesitz. [2]) Zuständig zur Verleihung (Konzessionierung) von Privatbahnen bleibt nach wie vor — abgesehen von dem Sonderfall in Art. 94 Abs. 2 RV. (bisher Art. 41 Abs. 1 der alten RV.) — die Landesregierung; allerdings bedarf sie in den „bestimmten Gebieten", in denen das Reich die Eisenbahnen des allgemeinen Verkehrs übernommen hat, der Zustimmung des Reichs.

§ 14

Bahnen des allgemeinen Verkehrs. Entscheidung über diese Eigenschaft

1. Der Reichsverkehrsminister kann erklären, daß eine private Nebeneisenbahn, deren Verkehrsbedeutung so gering ist, daß sie nicht als Teil des allgemeinen deutschen Eisenbahnnetzes[1]) gelten kann, keine Eisenbahn des allgemeinen Verkehrs ist[2]).

2. Haben Bahnen, die nicht als Bahnen des allgemeinen Verkehrs gebaut[3]) sind, nach der Entscheidung des Reichsverkehrsministers[4]) eine solche Verkehrsbedeutung gewonnen, daß sie als Bahnen des allgemeinen Verkehrs anzusehen sind, so verpflichten sich die Länder, ein ihnen zustehendes Erwerbsrecht dem Reiche zu übertragen[5]).

3. Vor der Entscheidung sind in beiden Fällen die Landesbehörden zu hören.

[1]) Gleiche Ausdrucksweise wie im § 30 des Preuß. Kleinbahngesetzes v. 28. Juli 1892. [2]) Die Bestimmung im Abs. 1 mußte getroffen werden, weil sich der Begriff „Eisenbahnen des allgemeinen Verkehrs" (RV. Art. 89—95) nicht mit dem Begriff der „deutschen Eisenbahnen" im Sinne der alten Reichsverfassung (Art. 42) und der BO. (Eisenbahnen gleich Hauptbahnen und Nebenbahnen) deckt. Ob eine Eisenbahn Haupt- oder Nebenbahn ist, hängt von gewissen technischen Mindestanforderungen im Bau und Betrieb ab; ob dagegen eine Bahn eine solche „des allgemeinen Verkehrs" ist, hängt sachlich lediglich von ihrer Verkehrsbedeutung ab. § 14 entscheidet die nach der RV. noch offene Frage der Zuständigkeit zur Entscheidung dahin, daß sie in allen Fällen Sache des RVM. ist. Praktisch ist die Entscheidung wichtig wegen der Aufsicht (vgl. § 13), die nur bei Eisenbahnen des allgemeinen Verkehrs dem Reiche, sonst dem Lande zusteht. Für die zur Zeit vorhandenen „Nebeneisenbahnen"

stellt § 14 Abs. 1 zunächst die Vermutung auf, daß sie zu den „Eisenbahnen des allgemeinen Verkehrs" zu rechnen sind. Bei neuen Bahnen wird der RVM. von Fall zu Fall, in der Regel schon vor der Verleihung (Konzession) auf Grund des Art. 94 Abs. 1 RV., zu entscheiden haben, ob die Bahn als solche des allgemeinen Verkehrs zu gelten hat oder nicht. [3]) Das sind die im § 20 behandelten „Kleinbahnen" und diesen gleichzuachtende Bahnen. [4]) Daß der RVM. auch diese Entscheidung haben muß, ergibt sich als Gegenstück zu Abs. 1. [5]) Sachlich wichtig ist dies für Preußen, wo nach § 30 des Kleinbahngesetzes vom 28. Juli 1892 die Landesregierung ein gesetzliches Erwerbsrecht hat. Art. 89 Abs. 2 RV. behandelt die Erwerbsrechte nur für Eisenbahnen des allgemeinen Verkehrs, nicht für Kleinbahnen.

§ 15

Besteuerung der Reichseisenbahnen

Die Länder werden von den Reichseisenbahnen Staatssteuern nicht erheben[1]).

[1]) Für die Reichseisenbahnen gilt das Reichsbesteuerungsgesetz vom 15. April 1911 (RGBl. S. 187). Dadurch werden zum Teil für andere Steuerberechtigte (Gemeinden, öffentlich-rechtliche Verbände) gegenüber dem bisherigen Zustand Ausfälle an Steuern eintreten. § 15 schließt Besteuerung durch die Länder, auch soweit sie nach dem Reichsbesteuerungsgesetz statthaft wäre, aus.

§ 16

Einheitliche Verwaltung. Verwaltungsgrundsatz der gleichmäßigen Behandlung

1. Das Reich wird die Reichseisenbahnen als einheitliche Verkehrsanstalt verwalten.

2. Die Reichseisenbahnverwaltung wird das ganze Reichseisenbahnnetz nach gleichen Gesichtspunkten behandeln, insbesondere die Interessen des Eisenbahnpersonals und die Verkehrs- und volkswirtschaftlichen Interessen aller Länder unter Abwägung der verschiedenen Verhältnisse gleichmäßig berücksichtigen und bei widerstreitenden Interessen auf einen gerechten Ausgleich[1]) bedacht sein.

[1]) Für den Ausgleich der Personalverhältnisse enthält § 36 noch eine besondere Vorschrift.

§ 17

Begonnene Bauten

1. Das Reich ist verpflichtet, die von den Ländern begonnenen Bauten[1]) fortzuführen, soweit das Bedürfnis in un-

veränderter Weise fortbesteht und nicht Rücksichten auf die wirtschaftliche Lage der Reichseisenbahnen entgegenstehen. Entstehen hierüber Meinungsverschiedenheiten zwischen den Vertragschließenden, so entscheidet auf Antrag der Staatsgerichtshof.

2. Die beim Übergange der Bahnen auf das Reich durch den Haushalt oder durch Gesetze der Länder bewilligten Mittel gelten als vom Reiche bewilligt[2]).

Siehe auch Schlußprotokoll (unten S. 43)

[1]) Nach dem Vertrag sind zu unterscheiden: a) „begonnene Bauten", d. h. solche, bei denen bis 31. März 1920 mindestens schon die Bauausführung begonnen hat (Kennzeichen: „erster Spatenstich"): § 17 Abs. 1; b) Bauten, deren Ausführung vor 1. April 1920 noch nicht begonnen hatte, für die aber vor diesem Zeitpunkt in den Ländern schon Mittel bewilligt waren: § 17 Abs. 2; c) Bauten, die zwar von den Ländern geplant oder in Aussicht genommen, für die aber noch keine Mittel bewilligt waren: Schlußprotokoll zu § 18. Einen Anspruch auf Ausführung des Baus haben die Länder nur im Falle a; auch dieser Anspruch ist bedingt („Bedürfnis", „wirtschaftliche Lage"), doch soll das Land jedenfalls den Staatsgerichtshof anrufen können. Im Falle b bedarf es nicht erneuter Bewilligung der Mittel im Reichshaushalt, doch hat die Reichsregierung freie Entschließung, ob der Bau ausgeführt werden soll; auch für diese Entscheidung gibt § 18 einen Maßstab. Im Falle c endlich hat das Reich, soweit neue Nebenbahnen in Betracht kommen, „möglichste" Berücksichtigung der Bauprogramme der Länder zugesagt. Für die Reihenfolge der Neubauten in den Ländern wird das u. U. ausschlaggebend sein. Irgendwelche Ansprüche auf Berücksichtigung hat das Land aber nicht — abgesehen von dem allgemeinen Leitsatz im § 18. [2]) Abs. 2 gilt sowohl für die begonnenen (Abs. 1), als auch für noch nicht begonnene Bauten.

§ 18

Neue Bauten

Das Reich wird den Bau neuer, dem allgemeinen Verkehre dienender Bahnen, den Bau zweiter und weiterer Gleise sowie den Um- und Ausbau der bestehenden Anlagen nach Maßgabe der Verkehrs- und wirtschaftlichen Bedürfnisse der Länder und der verfügbaren Mittel ausführen[1]).

Siehe auch Schlußprotokoll (unten S. 43)

[1]) Wichtiger als dieses ist die etwas greifbarere Zusage im Schlußprotokoll.

§ 19

Baupläne

Die Pläne für größere Eisenbahnbauten sind rechtzeitig den Regierungen der Länder zur Stellungnahme zu übermitteln.

§ 20

Unterstützung des Baues von Kleinbahnen

Das Reich wird den Bau von Eisenbahnen, die nicht dem allgemeinen Verkehre dienen[1]) (Kleinbahnen und Bahnen, die den Kleinbahnen gleichzuachten[2]) sind), dem Umfang entsprechend unterstützen[3]), in dem bisher die Kleinbahnen in Preußen unterstützt worden sind[4]). Die Unterstützung ist davon abhängig, daß die Länder für das Unternehmen mindestens den gleichen Staatsbeitrag zur Verfügung stellen wie das Reich. Für Straßenbahnen und straßenbahnähnliche Unternehmungen gilt diese Bestimmung nicht.

[1]) Die RV. unterscheidet von den „Eisenbahnen des allgemeinen Verkehrs" (Art. 89—95) „die nicht dem allgemeinen Verkehr dienenden Eisenbahnen" (Art. 96). Diese letzteren sind die „Kleinbahnen" im Sinne des Preuß. Landesrechts (Ges. v. 28. Juli 1892 PrGS. S. 225). [2]) „Bahnen, die den Kleinbahnen gleichzuachten sind", sind in den Ländern ohne besondere Kleinbahngesetzgebung diejenigen Eisenbahnunternehmungen, die zwar nicht als bloße Straßenbahnen oder straßenbahnähnliche Betriebe anzusprechen sind, anderseits aber wegen ihrer vorwiegend örtlichen Bedeutung nicht als Teil des allgemeinen deutschen Eisenbahnnetzes gelten können. Sie sind zum Teil „Nebeneisenbahnen" im Sinne der BO. — was noch nicht besagt, daß sie auch „Eisenbahnen des allgemeinen Verkehrs" sind; vgl. oben § 14 Abs. 1, Anm. 2. [3]) Unterstützung der Kleinbahnen ist an sich Landessache da nach der RV. (Art. 7 Ziff. 19) das Kleinbahnwesen nicht zur Zuständigkeit des Reichs gehört. Wenn das Reich hier trotzdem den Ländern gegenüber die Verpflichtung zur Unterstützung von Kleinbahnen übernimmt, geschieht das, weil die Länder bisher die Mittel dazu sowie zum Bau und Betrieb entsprechender staatlicher Bahnen vorwiegend aus Eisenbahneinnahmen schöpften. [4]) Der preußische Staat hat im Durchschnitt der letzten 25 Jahre jährlich etwas über 5 Millionen Mark aufgewendet, und mit dieser Summe bei den unterstützten Kleinbahnen in der Regel ein Viertel des Baukapitals, sei es durch Beteiligung mit Aktien oder als Gesellschafter, sei es durch Darlehen zu billigem Zins gedeckt. Das gibt für die künftige Unterstützung durch das Reich den Maßstab. Allerdings kann infolge Entwertung des Geldes und Veränderung der Größe des Gebiets der Betrag von 5 Millionen nicht einfach übernommen werden. — Unterstützung mit Zuschüssen zu Fehlbeträgen und Zinsgarantien kommen in Preußen nicht vor.

§ 21

Personenzugfahrpläne. Vierte Klasse

1. Die Entwürfe des Personenzugfahrplans sind regelmäßig alsbald nach Fertigstellung[1]) den beteiligten Ländern[2]) zur Mitteilung etwaiger Wünsche[3]) zu übersenden.

2. Die unterste Klasse der Personenzüge muß zum mindesten entsprechend der bisherigen Übung in den einzelnen Ländern[4]) mit Sitzplätzen ausgestattet sein. Neue Wagen dieser Klasse sollen, soweit nicht für Reisende mit Traglasten Vorsorge zu treffen ist, vollständig mit Sitzplätzen ausgerüstet werden.

[1]) Damit sind der „Erste" Entwurf und etwaige Nachträge dazu gemeint, nicht der „Endgültige" Entwurf, der erst kurz vor der Einführung des Fahrplans erscheint. [2]) D. h. der Staatsregierung oder der von ihr dem RVM. benannten Landesstelle. [3]) Die Wünsche können für den betreffenden Fahrplanabschnitt natürlich nur berücksichtigt werden, wenn sie der Eisenbahn sogleich nach der Übersendung des Entwurfs mitgeteilt werden. Einschneidende Anträge werden mitunter erst bis zum nächsten Fahrplanwechsel bearbeitet werden können. [4]) Diese Vorschrift soll die süddeutschen Bezirke, in denen jetzt schon die 4. Klasse fast ausschließlich Sitzplätze enthält, vor Verschlechterungen durch Zuweisung von Wagen norddeutscher Bauart schützen.

§ 22

Tarife

Die Reichseisenbahnverwaltung wird die Tarife unter Wahrung der Einheit[1]) und mit tunlichster Schonung bestehender Verhältnisse fortbilden und den Verkehrsbedürfnissen der Länder, namentlich auf dem Gebiete der Rohstoffversorgung, nach Möglichkeit Rechnung tragen[2]).

Siehe auch Schlußprotokoll (unten S. 43)

[1]) Das schließt die Einführung von Ausnahmetarifen für gewisse Güter nicht aus (Aussch. Bericht S. 22).

[2]) Dieser Satz bedeutet an sich nicht viel mehr als ein allgemeines Programm. Eine gewisse Bedeutung hat er insofern, als das Land auf Grund von § 43 den Staatsgerichtshof anrufen kann. „Im Schlußprotokoll ist für die Zusammensetzung des Reichseisenbahnrates und der örtlichen Beiräte der Grundsatz aufgestellt, daß die an den Beratungen dieser Körperschaften interessierten Vertretungen der Bevölkerung angemessen zu berücksichtigen sind und daß auch den Landesregierungen das Recht zustehen soll, zu den Verhandlungen dieser Beiräte Teilnehmer abzuordnen. Im einzelnen ist

diese Frage nach Art. 93 RV. von der Reichsregierung mit Zustimmung des Reichsrats zu regeln.“ (Begr.)

§ 23

Vergebung von Lieferungen

Das Reich wird bei der Vergebung von Lieferungen und Arbeiten für die Reichseisenbahnen die Unternehmer im gesamten Reichsgebiete nach gleichen Grundsätzen berücksichtigen[1]) und dafür Sorge tragen, daß Industrie, Handwerk und Handel in der gleichen Weise, wie es bisher die Verwaltungen der Länder getan haben, herangezogen und in ihrer Entwicklung gefördert werden[2]).

[1]) Der erste Halbsatz gewährleistet die Gleichberechtigung aller Landesteile beim Wettbewerb um die Staatsaufträge. Die „Grundsätze“ aufzustellen, wird eine der nächsten Aufgaben des RVM. sein. [2]) Der zweite Halbsatz schützt nicht etwa den einzelnen Unternehmer in seinem bisherigen Besitzstand an Eisenbahnaufträgen, sondern er bezweckt nur, das Wirtschaftsleben des Landes als Ganzes vor Benachteiligung zu schützen. Rechte daraus und Beschwerden kann nur das Land geltend machen.

§ 24

Neugestaltung des Eisenbahnwesens

Das Reich wird sich bei der Neugestaltung[1]) des Eisenbahnwesens von dem Gesichtspunkt leiten lassen, daß die Verwaltung nur insoweit zentralisiert werden soll, als es zur Erfüllung der Aufgaben der Reichseisenbahnen als einer einheitlichen Verkehrsanstalt[2]) unbedingt geboten ist[3]).

Siehe auch Schlußprotokoll (unten S. 44)

[1]) „Neugestaltung“ ist im Sinne der Neu-Organisation zu verstehen: Regelung der Zuständigkeit und Gliederung der Behörden. [2]) Die Verwaltung „als einheitliche Verkehrsanstalt“ ist im Art. 89 RV. vorgeschrieben. Das ist die erste Richtlinie für die Neuorganisation, die zweite Richtlinie gibt der hier im § 24 aufgestellte Leitsatz möglichster Dezentralisation. [3]) Es wäre erwünscht gewesen, daß nicht durch weitere Abmachungen außerhalb des Vertrags der Entwicklung der Organisation vorgegriffen worden wäre, wie das tatsächlich in ziemlich weitem Maße durch das Schlußprotokoll geschehen ist. Die Zusagen, die darin auf Drängen der Länder vom Reiche gemacht werden mußten, liegen im wesentlichen in der Richtung der Erhaltung des gegenwärtigen Zustandes. Sie werden vielfach die Gestaltung des Eisenbahnwesens in andere Bahnen lenken, als wenn für die Organisation, wie das sachlich geboten wäre, lediglich Rücksichten auf beste Betriebführung der „einheitlichen Verkehrs-

anstalt" und möglichste Förderung der deutschen Volkswirtschaft maßgebend sein könnten. Schließlich hat aber immer noch der Reichsrat es in der Hand, auf Grund von Ziff. 3 Satz 3 des Schlußprotokolls zu § 24 wenigstens mittelbar auf die Neugestaltung entscheidend einzuwirken.

§ 25

Übernahme des Personals in den Reichsdienst

1. Das Reich übernimmt zum 1. April 1920 alle planmäßigen und nichtplanmäßigen (diätarischen) Eisenbahnbeamten sowie alle Angestellten und Arbeiter der Länder in seinen Dienst[1]). Das gleiche gilt für die ausschließlich oder überwiegend in Eisenbahnangelegenheiten tätigen Beamten der Landesministerien[2]).

2. Die Beamten im Sinne der Beamtengesetze der Länder werden mit der Übernahme der Staatseisenbahnen Reichsbeamte im Sinne des Art. 129 der Reichsverfassung und des Reichsbeamtengesetzes vom 18. Mai 1907.

[1]) Das Personal der Staatseisenbahnen setzt sich zusammen aus „Beamten", „Angestellten" und „Arbeitern". Kennzeichen des Beamten ist die öffentlich-rechtliche Anstellung im Gegensatz zum bloßen Dienstvertrag. Im einzelnen ist die Frage, wer als Staatsbeamter zu gelten hat, nur nach den Landesgesetzen zu entscheiden. Diese kennen zum Teil neben den eigentlichen „planmäßigen" Beamten auch noch „diätarische Beamte", das sind Beamte, für die zwar das Beamtenrecht gilt, für die jedoch keine Etatstelle im Haushaltsplan besteht, sondern die aus einem Sammeltitel des Etats ihre Bezüge erhalten. Wer als „Angestellter" anzusehen ist, ergibt sich aus § 1 Abs. 1 des Versicherungsgesetzes für Angestellte vom 20. Dezember 1911 (RGBl. S. 989). „Arbeiter" sind alle sonstigen im Eisenbahnunternehmen beschäftigten Personen, bei denen die Voraussetzungen des Titel VII der Gewerbeordnung gegeben sind. Der Vertrag behandelt je für sich zunächst die Rechtsverhältnisse der Beamten (§§ 26 bis 37), danach die der Angestellten und der Arbeiter (§§ 38 bis 42). Der Übertritt in den Reichsdienst vollzieht sich mit Wirkung vom 1. April 1920 von selbst kraft Gesetzes; das gilt für die Beamten ohne Einschränkung, für die Angestellten und Arbeiter, soweit sie nicht ihren gegenteiligen Willen vorher erklären: § 30. [2]) Aus den Ministerien werden demnach nur die Beamten, soweit sie vorwiegend oder ausschließlich in Eisenbahnsachen tätig sind, kraft des Staatsvertrages übernommen.

§ 26

Beamte. Rücktrittsrecht

1. Die Beamten sind berechtigt, binnen drei Monaten nach der Übernahme der Eisenbahnen durch das Reich schriftlich

oder zu Protokoll gegenüber der vorgesetzten Dienststelle[1]) ihren Rücktritt in den Landesdienst zu erklären. Der Rücktritt wird mit dem Tage der Erklärung wirksam[2]).

2. Die Länder verpflichten sich, auch diese Beamten gegen Erstattung ihres Diensteinkommens durch das Reich so lange auf ihren Dienstposten zu belassen, bis sie nach der Entscheidung der Reichseisenbahnverwaltung abkömmlich sind. Soll ein Beamter länger als sechs Monate gegen seinen Willen auf seinem Dienstposten belassen werden, so entscheidet auf seinen Antrag ein Schiedsgericht über seine Abkömmlichkeit[3]). Das Schiedsgericht besteht aus einem von der Reichseisenbahnverwaltung ernannten Mitglied, einem Angehörigen einer Organisation, die der Beamte bezeichnet, und aus einem von diesen zu wählenden Obmann. Einigen sich die Schiedsrichter nicht über den Obmann, so wird dieser von dem Präsidenten des für den Dienstort des Beamten zuständigen Landgerichts ernannt.

3. Sollte die neue Reichsbesoldungsordnung nach dem 1. April 1920 verkündet werden, so beginnt die Rücktrittsfrist mit dem Tage der Verkündung[4]).

[1]) Die Erklärung ist an die dem Beamten vorgesetzte Dienststelle zu richten, d. h. die, bei der der Beamte bedienstet ist, nicht etwa an die seiner Dienststelle vorgesetzte Stelle. [2]) Die Erklärung wirkt also nicht auf den 31. März 1920 zurück. Das bedeutet, daß jeder Beamte mindestens auf kurze Zeit Reichsbeamter wird. [3]) Das Reich hat Anspruch auf die Dienstleistung des Beamten so lange, bis er abkömmlich wird. Der Anspruch des Reichs geht nach Satz 1 gegen das Land, nach Satz 2 auch gegen den Beamten selbst. Auch der Beamte ist dem Reich, selbst nach seinem Rücktritt in den Landesdienst, zunächst gesetzlich zum Dienst verpflichtet. Im Verhältnis zwischen Reich und Land entscheidet das Reich allein über die Abkömmlichkeit, im Verhältnis zwischen Reich und Beamten hat dieser den Weg des Schiedsgerichts. [4]) Das Besoldungsgesetz vom 30. April 1920 ist am 4. Mai 1920 (RGBl. S. 805), also gleichzeitig mit dem Gesetz betr. den Staatsvertrag über die Übernahme der Staatseisenbahnen, verkündet worden. Die „Besoldungsordnung" ist Anlage 1 des Besoldungsgesetzes. Die Rücktrittsfrist für die Eisenbahnbeamten läuft demnach vom 4. Mai bis einschließlich 3. August 1920 (BGB. § 187 Abs. 2).

Zu § 26 gehört unmittelbar § 29 Abs. 1.

§ 27

Restabwicklung von Landesgeschäften

1. Auf Antrag der Länder sind in den Reichsdienst übernommene Beamte, die für Zwecke der Restabwicklung in den

Ländern[1]) benötigt werden, für die Dauer dieser Geschäfte im Dienste der Länder zu belassen[2]). In diesem Falle verlängert sich[3]) die im § 26 Abs. 1 vorgesehene Frist für die Ausübung des Rücktrittsrechts um die Dauer dieser Beschäftigung.

2. Die Besoldungen[4]) dieser Beamten trägt das Reich.

Siehe auch Schlußprotokoll (unten S. 51)

[1]) Das Land hat bei der Einstellung des Personals der Abwicklungsstellen, da sie Landesbehörden sind (vgl. auch Schlußprotokoll), freie Hand, namentlich auch, wenn sich im Laufe der Zeit die Einstellung weiterer Beamten, z. B. als Ersatz, nötig macht. Das Land kann Landesbeamte einstellen, es kann auch Überweisung weiterer Reichseisenbahnbeamten beantragen. Das Reich ist aber in der Erfüllung solcher Anträge ganz frei, da der Vertrag nur die „belassenen" Beamten betrifft. Ebenso liegt die Übernahme von Beamten der Abwicklungsstelle, die nicht unter § 25 fallen, in den Reichsdienst außerhalb des Vertrags. [2]) Diese Beamten gelten als zur Abwicklungsstelle kommandiert; sie haben für die Erledigung ihres Dienstes deren Weisungen zu befolgen, obwohl sie Reichsbeamte sind und daher disziplinell dem RVM. unterstehen. [3]) Voraussetzung ist, daß die Frist nicht schon zu Beginn der Beschäftigung bei der Abwicklungsstelle abgelaufen war (z. B. wenn der Beamte erst zu einem späteren Zeitpunkte zur Abwicklungsstelle kommandiert wurde). [4]) nach der Reichs-Besoldungsordnung, da die Beamten Reichsbeamte sind.

§ 28

Übernahme der Ruhegehälter durch das Reich

1. Das Reich übernimmt[1]) vom 1. April 1920 an alle auf gesetzlicher Vorschrift oder Verwaltungsanordnung[2]) beruhenden Bezüge (einschließlich Sachleistungen) der in den einstweiligen oder dauernden Ruhestand versetzten[3]) Beamten sowie der Hinterbliebenen von Beamten und wird nach den in den Ländern bisher üblichen Grundsätzen Unterstützungen gewähren[4]).

2. Sollte das Reich die Bezüge seiner vor dem 1. April 1920 in den Ruhestand getretenen Beamten oder der Hinterbliebenen der vor diesem Zeitpunkt verstorbenen Beamten aufbessern, so wird es die Mittel bereitstellen, die erforderlich sind, damit den in den Ländern am 31. März 1920 vorhanden gewesenen Berechtigten bei gleichen Voraussetzungen in demselben Ausmaß persönliche Zulagen gewährt werden können[5]).

[1]) Nicht Schuldübernahme, sondern nur Erfüllungsübernahme im Sinne von § 329 BGB. Soweit die allgemeinen Landeskassen die Bezüge auszahlen, wird es sogar bei Zahlung durch das Land zu bleiben haben, und die Verpflichtung des Reichs auf Grund der

„Übernahme" geht dann nur dahin, den Ländern das zu erstatten, was sie — gleichsam vorschußweise für das Reich — den Berechtigten auf Grund der Landesgesetze gewährt haben. Sachlich begründet ist diese Übernahme aller Pensionslasten im weitesten Sinne durch das Reich deshalb, weil die Quelle, aus der bisher die Länder die Mittel dazu nahmen, der Eisenbahnbetrieb, auf das Reich übergeht. [2]) Nach Landesrecht wird unter Umständen die Höhe einer Pension nicht durch das Gesetz selbst, sondern auf Grund gesetzlicher Ermächtigung durch die oberste Verwaltungsbehörde bestimmt. Auch die auf solchen Anordnungen der Behörde beruhenden Bezüge hat das Reich zu erstatten. [3]) Abs. 1 behandelt nur die Bezüge der bereits vor dem 1. April 1920 in den Ruhestand Versetzten, bezieht sich also nur auf Leistungen, die schon vor dem 1. April 1920 begründet waren. Vgl. aber auch § 29 Abs. 1 letzter Satz. [4]) Nach der Überschrift und dem Zusammenhang können hiermit nur Unterstützungen an Beamte im Ruhestand und Hinterbliebene gemeint sein. [5]) Ob die Zulage vom Reich (Reichseisenbahndirektion) oder vom Land (wenn die Pension weiterhin durch eine Landesbehörde ausgezahlt wird) festgesetzt wird, ist unerheblich. Im letzteren Falle muß das Reich den Aufwand dem Land erstatten. Der Wortlaut „Mittel bereitstellen" läßt deutlich erkennen, daß den Ländern ein gesetzlicher Anspruch gewährt sein soll. — Ob der Beamte oder Hinterbliebene einen Anspruch (der sich nur gegen das Land richten kann) hat, oder ob die Leistung nur aus Billigkeit erfolgt, hängt ganz davon ab, wie dies im Einzelfalle für die alten Reichsbeamten gegenüber dem Reiche geregelt wird.

§ 29

Bestimmungen über die nicht in den Reichsdienst übertretenden Beamten

1. Die Länder verpflichten sich, Beamte, die nicht in den Reichsdienst übertreten wollen, tunlichst in ein anderes Amt des Landesdienstes zu versetzen[1]). Soweit dies nicht möglich ist[2]) oder von Beamten, die das 60. Lebensjahr vollendet haben[3]), nicht gewünscht wird, sind sie baldigst in den einstweiligen oder dauernden Ruhestand[4]) zu versetzen[5]). Bis zum Zeitpunkt des Eintritts in ein anderes Amt des Landesdienstes oder in den Ruhestand trägt das Reich das Diensteinkommen. Wegen der Tragung der Bezüge nach Versetzung in den Ruhestand gilt der § 28.

2. Machen auf Kündigung angestellte Beamte, die nicht in den Reichsdienst übertreten wollen, von ihrem Kündigungsrecht Gebrauch, so trägt das Reich ihr Diensteinkommen bis zum Ablauf der Kündigungsfrist[6]).

[1]) Nach einzelnen Landesgesetzen haben in derartigen Fällen die Beamten selbst einen Anspruch darauf, nicht in einstweiligen oder

dauernden Ruhestand, sondern tunlichst in ein anderes Amt versetzt zu werden. Wenn hier dem Reich ein solcher Anspruch gegeben wird, geschieht das, weil das Reich bei Versetzung in den Ruhestand die Kosten tragen muß. [2]) Entweder tatsächlich oder weil das Landes-Beamtenrecht keine Handhabe dazu bietet. [3]) Maßgebend für die Berechnung des Alters ist nicht der 1. April 1920, sondern der Zeitpunkt der Erklärung des Wunsches. Diese wird in der Regel mit der Erklärung des Rücktritts gemäß § 26 Abs. 1 zusammenfallen. [4]) In einzelnen Ländern wird das als „Versetzung in Wartegeld" und „Pensionierung" bezeichnet. [5]) Hiernach muß sich nur der Beamte bis zu 60 Jahren die Versetzung in ein anderes Amt des Landesdienstes gefallen lassen. Der über 60 Jahre alte Beamte kann auch gegen den Willen des Reichs und des Landes seine Versetzung in einstweiligen oder dauernden Ruhestand erreichen, indem er gemäß § 26 den Rücktritt in den Landesdienst und außerdem den Wunsch ausspricht, nicht in ein anderes Amt des Landesdienstes versetzt zu werden. Bis zur „Abkömmlichkeit" (§ 26 Abs. 3) muß er aber jedenfalls auf seinem Posten bleiben. [6]) Aus Abs. 2 ergibt sich, daß Abs. 1 (auch Satz 1) nur für die unkündbar Angestellten gilt. Die auf Kündigung Angestellten dagegen sind stets auf den Weg der Kündigung angewiesen, wenn ihnen Verbleiben im Reichsdienst nicht genehm ist, in den nach § 25 Abs. 1 auch sie kraft Gesetzes übertreten.

§ 30

Gewährleistung der Rechte der Beamten

1. Das Reich tritt gegenüber den in seinen Dienst übernommenen Beamten in die Verpflichtungen ein[1]), die den Ländern auf Grund der am 31. März 1920 geltenden Landesgesetze[2]) obliegen würden, wenn die Beamten im Landesdienste verblieben wären.

2. Die Voraussetzungen für die Versagung von Dienstalterszulagen richten sich nach Reichsrecht[3]).

3. Verwaltungsanordnungen[2]), die zugunsten der Beamten eines Landes getroffen sind[4]), können bis zur Durchführung eines Reichsgesetzes über Beamtenvertretungen nur im Benehmen mit der Beamtenvertretung beim Reichsverkehrsministerium geändert oder beseitigt werden[5]). Ihre gesetzliche Regelung wird hierdurch nicht ausgeschlossen.

[1]) Voraussetzung der Anwendung des § 30 ist immer, daß das am 31. März 1920 gültige Landesrecht den Beamten günstiger stellen würde als das jeweils geltende Reichsrecht. [2]) Auch hier unterscheidet der Vertrag zwischen „Landesgesetzen" (Abs. 1) und „Verwaltungsanordnungen" (Abs. 3). An erstere soll das Reich unbedingt, an letztere soll es so lange gebunden sein, bis die Personalvertretung der Änderung zustimmt oder bis die betreffende Angelegenheit durch Reichsgesetz neu geregelt wird. So gelten beispielsweise die Besol-

dungsgesetze für die übernommenen Beamten der Länder weiter, soweit etwa die jeweils geltende Reichs-Besoldungsordnung nicht höhere Bezüge gewähren sollte. Daß für Tagegelder und Reisekosten die bisherigen Bestimmungen der Länder weiter gelten, soll demnächst durch eine Verordnung des Reichspräsidenten bestimmt werden. [3]) Abs. 2 enthält eine einzelne Ausnahme von Abs. 1 für die Dienstalterszulagen, für die übrigens jetzt § 11 Abs. 3 BesoldGes. gilt. [4]) Z. B. über Freifahrt. [5]) s. unten § 41 Anm. 2.

§ 31

Diensteinkommen

1. An regelmäßigem Diensteinkommen gewährleistet das Reich jedem Beamten den Betrag, den er bezogen haben würde, wenn er in seiner Stelle im Landesdienste verblieben und in diesem nach Maßgabe der am 31. März 1920 geltenden Besoldungsgrundsätze in seinem Diensteinkommen aufgerückt[1]) wäre. Hierbei werden jedoch nach dem 31. Dezember 1919[2]) erlassene allgemeine[3]) Besoldungsgesetze nicht berücksichtigt. Was als regelmäßiges Diensteinkommen anzusehen ist, richtet sich nach den in den Ländern am 31. März 1920 geltenden Grundsätzen. Erreicht das Diensteinkommen im Reichsdienst die Landessätze nicht[4]), so ist der Unterschied als persönliche Zulage zu gewähren. Diese Zulage ist insoweit für ruhegehaltsfähig zu erklären, als zur Erreichung des nach Landesgrundsätzen ruhegehaltsfähigen Betrags[5]) erforderlich ist.

2. Das Recht des Reichs, unter den reichsgesetzlichen Voraussetzungen Dienstalterszulagen zu versagen, wird hierdurch nicht berührt. Insoweit und solange das Reich von diesem Rechte Gebrauch macht, werden weitere nach Landesgrundsätzen erreichbar gewesene Bezüge nicht berücksichtigt[6]).

[1]) Hier handelt es sich nur um das Weiterrücken in den einzelnen Gehaltsstufen innerhalb der Besoldungsgruppe, in der der Beamte am 31. März 1920 gewesen ist. Wegen Aufrückung in höhere Gruppen („Beförderung") vgl. § 33. [2]) Diese Bestimmung sollte verhüten, daß die Länder etwa noch in letzter Stunde angesichts der Übernahme der Eisenbahnen durch das Reich ganz besonders günstige, über die neue Reichsbesoldungsordnung hinausgehende Besoldungsgesetze erlassen, durch die dann das Reich dauernd belastet wäre. [3]) Der Ton liegt auf „allgemeine". Nicht ausgeschlossen wird dadurch die Änderung der Besoldungssätze bei vereinzelten Gruppen von Beamten, wie sie z. B. von einzelnen Ländern zur Angleichung an die bisherigen Besoldungen in Preußen und im Reich durch Nachtragsetat noch Anfang 1920 vorgenommen worden ist. [4]) Dies wird nach der neuen Besoldungsordnung des Reichs kaum praktisch werden,

da die neuen Besoldungssätze durchweg starke Erhöhungen bringen. [5]) Maßgebend ist also nicht der Betrag des Ruhegehalts selbst, sondern der ruhegehaltsfähige Teil des Diensteinkommens; vgl. aber auch § 32. [6]) Erledigt sich jetzt durch § 11 Abs. 3 BesoldGes.

§ 32

Ruhegehälter

Das Reich gewährleistet den Empfängern von Wartegeld, Ruhegehalt sowie Witwen- und Waisengeld mindestens das Gesamteinkommen, das nach den am 31. März 1920 geltenden Bestimmungen und Besoldungssätzen der Länder zu gewähren wäre, wenn der Beamte am Tage der Versetzung in den Ruhestand oder des Todes noch im Landesdienste gestanden hätte[1]). Hierbei werden jedoch nach dem 31. Dezember 1919 in den Ländern erlassene allgemeine Besoldungsgesetze[2]) oder Änderungen der Bestimmungen über die Ruhegehalts- und Hinterbliebenenbezüge nicht berücksichtigt.

[1]) Demnach werden in Vergleich gestellt: Die Bestimmungen und Besoldungssätze der Länder am 31. März 1920 gegenüber den künftig jeweils geltenden Bestimmungen und Sätzen des Reichs. „Ausgeschlossen soll bleiben, daß von ehemaligen Landesbeamten gleichzeitig die Anwendung günstigeren Landesrechts und neuen Reichsrechts beansprucht wird" (Begr.). Also ist z. B. ausgeschlossen Anwendung der neuen Besoldungssätze des Reichs, vervielfältigt mit den für die Ruhegehaltsberechnung maßgebenden Hundertteilen eines alten Landesgesetzes. [2]) Vgl. Anm. 2 und 3 zu § 31.

§ 33

Beförderungsaussichten

1. Das Reich gewährleistet[1]) den Beamtenanwärtern[2]) und den Beamten die in ihren Ländern erworbenen[3]) Anstellungs- und Beförderungsaussichten so weit, als es sich um die bei regelmäßiger Gestaltung der bisherigen Laufbahn nach dem bisherigen organisatorischen Aufbau des Beamtenkörpers erreichbaren Eingangs- und Beförderungsstellen handelt[4]).

2. Als regelmäßig erreichbare Beförderungsstellen sind nur solche anzusehen, die mindestens die Hälfte der Beamten der Vorstelle erreicht hat[5]).

3. Der Nachweis der Befähigung für die Beförderungsstellen ist, solange und soweit nicht Reichsvorschriften erlassen werden, nach den bisher in den Ländern geltenden Grundsätzen zu führen[6]).

4. Damit die Wartezeiten bis zur Anstellung und Beförderung gegenüber dem Zustand in den Ländern zur Zeit des Überganges auf das Reich keine Verschlechterung erfahren, sollen durch den jeweils nächsten Reichshaushalt genügend planmäßige Stellen[7]) zur Verfügung gestellt werden, um die bis zu Beginn des Haushaltsjahrs nach den Anstellungs- und Beförderungsverhältnissen, wie sie in den Ländern nach Ausführung des Haushalts am 1. April 1920 liegen[8]), zur Anstellung oder Beförderung herangerückten Anwärter anstellen oder befördern zu können. Soweit sich dies nicht ermöglichen lassen sollte[9]), erhält der Bedienstete vom Beginne des bezeichneten Haushaltsjahrs an zur Erreichung des Gesamteinkommens im Falle seiner Anstellung oder Beförderung eine persönliche Zulage. Die Zulage ist bei Beamten so weit für ruhegehaltsfähig zu erklären, als zur Erreichung des bei ihrer Beförderung ruhegehaltsfähigen Einkommensbetrags erforderlich ist. Der Beginn des Besoldungsdienstalters wird bei der späteren Stellenverleihung so festgesetzt, wie wenn der Beamte zum bezeichneten Zeitpunkt angestellt oder befördert worden wäre.

5. Bei Meinungsverschiedenheiten zwischen dem Reiche und Beamten oder Beamtenanwärtern über die Frage, ob und zu welchem Zeitpunkt sie beim Verbleiben im Landesdienst angestellt oder befördert worden wären, darf das Reich die Entscheidung nur im Einvernehmen mit der Regierung des Landes[10]) treffen, in dessen Eisenbahndienst der Anwärter oder Beamte vor der Übernahme gestanden hat. Kommt zwischen dem Reiche und dem Anwärter oder Beamten eine Einigung nicht zustande, so wird die Entscheidung durch ein Schiedsgericht getroffen[11]). Dieses besteht aus zwei von der Reichseisenbahnverwaltung ernannten Mitgliedern, einem von der Regierung des Landes bestimmten Mitglied, einem Angehörigen der von dem Beamten oder Anwärter bezeichneten Organisation und einem von diesen zu wählenden Obmann. Einigen sich die Schiedsricher nicht über den Obmann, so wird dieser von dem Präsidenten des für den Dienstort des Anwärters oder Beamten zuständigen Landgerichts ernannt.

[1]) Wie die Gewähr geleistet wird, sagt Abs. 4: in erster Linie durch Schaffung ausreichender Stellen im Haushaltsplan, in zweiter Linie durch persönliche Zulagen. [2]) Beamtenanwärter sind die Arbeiter oder Angestellten, die gegründete Aussicht haben, als Beamte angestellt zu werden. Soweit Dienstprüfungen für die

Anstellung Voraussetzung sind, beginnt die „Anwartschaft“ nach Bestehen der Prüfung, wo Anwärterlisten bestehen, mit der Aufnahme in diese. [3]) Da der Staatsvertrag als am 1. April 1920 in Kraft gesetzt und das Personal als mit dem 1. April 1920 in den Reichsdienst übernommen gilt, ist dieser Zeitpunkt auch hier der Stichtag. Es kommt darauf an, welche Aussichten der einzelne am 31. März 1920 in seinem Lande nach den damals dort geltenden Etats und Besoldungsordnungen besaß. Veränderungen der Verhältnisse (Anstellungen usw.), die nach dem 1. April 1920 etwa noch bis zur tatsächlichen Übernahme der Eisenbahnen durch das Reich eingetreten sind, gelten als bereits im Namen und auf Rechnung des Reiches geschehen; sie haben hier außer Betracht zu bleiben. [4]) Um im Einzelfalle festzustellen, ob Ansprüche des Beamten aus § 33 begründet sind, muß zunächst geprüft werden, ob sich die Zahl der für seine Laufbahn in Betracht kommenden planmäßigen Stellen im Anstellungsbezirk seines Landes zur Zeit der Erhebung des Anspruchs gegenüber dem Stande vom 31. März 1920 zu seinen Ungunsten verändert hat. Ist das nicht der Fall, so erledigt sich die Gewährleistung von vornherein. Hat sich jedoch das Verhältnis der Stellenzahlen verschlechtert, so erheben sich in jedem Falle zwei Fragen: a) war die Anstellungs- bzw. Beförderungsstelle überhaupt „erreichbar“ (vgl. Abs. 2)? b) nach wie langer Wartezeit wäre sie unter den früheren Verhältnissen erreichbar gewesen? — Weitere Voraussetzung ist der Nachweis der Befähigung: Abs. 3. [5]) Auch hier gilt, wie überall, der Stichtag 1. April 1920, d. h. also „bis zum 31. März 1920 erreicht hat“. Es muß in Vergleich gestellt werden die Zahl der Beamten, die innerhalb eines gewissen Zeitraums die Vorstelle erreicht hat, mit der Zahl der Beamten des gleichen Dienstalters in der unteren Stelle, die die Beförderung nicht erreicht haben. [6]) Darin liegt: Abs. 1 und 2 gelten bei Beförderungsstellen, für die am 31. März 1920 Nachweis der Befähigung (z. B. Prüfung) vorgeschrieben war, nur, wenn die Befähigung nachgewiesen ist. Sobald das Reich Vorschriften über den Nachweis der Befähigung erläßt, gelten diese. [7]) Schaffung vermehrter Beförderungsstellen kann nur in Betracht kommen, wenn es sich um eine Stelle des Landeshaushalts gehandelt hätte, die nach der Überführung in die Besoldungsordnung des Reichs auch dort eine Beförderung bedeutet. [8]) Maßgebend ist also, wie lange ein am 1. April 1920 noch nicht Angestellter oder Beförderter zu diesem Stichtag in seinem Lande voraussichtlich hätte warten müssen. [9]) Es kann sein, daß für einzelne Beamtengruppen die Aussichten nach dem bisherigen Haushalt ihres Landes ganz besonders günstig waren und es nicht möglich ist, im Reichshaushalte gleich ganz allgemein so günstige Verhältnisse zu schaffen. Für diesen Fall sollen die betreffenden Beamten eine persönliche Zulage erhalten. [10]) In der Regel wohl mit der „Abwicklungsstelle“: § 27. [11]) Der Beamte wird zweifach gesichert: einmal muß Einverständnis zwischen Reich und Land über die Ablehnung seines Antrags bestehen, sodann kann er das Schiedsgericht anrufen.

§ 34

Wiederanstellung von Beamten im Ruhestande

Soweit Beamte im Ruhestande nach Gesetz oder Verwaltungsordnung[1]) einen Anspruch oder eine Anwartschaft[2]) auf Wiederanstellung haben, tritt das Reich in die den Ländern obliegenden Verpflichtungen ein.

[1]) Die Gesetze und Verwaltungsanordnungen der Länder gehen hierin zum Teil weiter als das Reichsbeamtenrecht. [2]) „Anwartschaft" ist im Gegensatz zum gesicherten Rechts a n s p r u c h die auf bloßer Verwaltungsanordnung oder auf Übung beruhende bestimmte Aussicht.

§ 35

Förmliches Disziplinarverfahren

Ein in den Ländern am 31. März 1920 anhängiges förmliches Disziplinarverfahren ist nach den Landesgesetzen zu erledigen[1]).

[1]) Ein in der Zeit zwischen dem 31. März 1920 und dem Inkrafttreten des Staatsvertrags nach Landesrecht begonnenes Disziplinarverfahren muß demnach nach Reichsrecht fortgesetzt werden. — Offen bleibt die Frage, wie ein Disziplinarverfahren zu erledigen ist, das gegen einen Beamten nach dem 31. März 1920, aber vor seiner Erklärung des Rücktritts (§ 26) nach Reichsrecht anhängig wurde. Es wird nach dem Rücktritt nach Landesgesetzen durchzuführen sein, da der Beamte dann mit dem Reich nichts mehr zu tun hat.

§ 36

Ausgleich der Wartezeiten

1. Das Reich[1]) wird bei der Regelung des Anstellungs-, Beförderungs- und Besoldungsdienstalters der Landesbeamten die infolge der verschiedenen Vorbildungs-, Ausbildungs-, Anstellungs- und Beförderungsverhältnisse in den einzelnen Ländern bestehenden Ungleichheiten in billiger Weise ausgleichen[2]).

2. Sollten durch die Einrichtung von Anstellungsbezirken[3]) in der Folge sich neue Ungleichheiten der angeführten Art ergeben, so wird das Reich sie nach Möglichkeit ausgleichen[4]).

Siehe auch Schlußprotokoll (unten S. 52)

[1]) Es ist zu unterscheiden: a) E i n r e i h u n g in die Besoldungsgruppen (Schlußprotokoll zu § 36 Abs. 2): m i t d e n L ä n d e r n zu vereinbaren; b) Ausgleichung der Anstellungs- usw. Verhältnisse (§ 36 Abs. 1): durch das R e i c h a l l e i n. [2]) Das neue Reichs-Be-

soldungsgesetz enthält für die Beamten günstige Bestimmungen über die Berechnung des Besoldungsdienstalters; diese ermöglichen es, daß bei den Beamten der Länder, wo die Anstellungsverhältnisse bisher ungünstig waren, ein erheblicher Teil der im Arbeiter- („Hilfsbeamten"-) Verhältnis zurückgelegten Dienstzeit auf das Besoldungsdienstalter angerechnet wird. Dadurch wird ein großer Teil der bisherigen Ungleichheiten von selbst verschwinden; vgl. Besold. Ges. §§ 5, 10, 24 bis 27. [3]) Schlußprotokoll zu § 36 Abs. 1 Satz 2. [4]) Dieser Ausgleich hat mit dem in Abs. 1 behandelten Ausgleich nichts gemein; er ist möglich entweder in der Weise, daß die Beamtenstellen des Haushaltsplans auf die einzelnen Bezirke etwas anders verteilt werden, oder durch Versetzung von Beamten aus einem Bezirk in den anderen. Versetzung wird namentlich gelegentlich der Beförderung in Betracht kommen. Da der Ausgleich ein dienstliches Erfordernis im Interesse ersprießlichen Zusammenarbeitens der Beamten ist, würde auch Art. 16 RV. nicht entgegenstehen.

§ 37

Landsmannschaftlicher Charakter[1])

Soll ein Beamter gegen seinen Willen außerhalb seines Landes verwendet werden, so entscheidet auf seinen Antrag darüber, ob die Voraussetzungen des Art. 16 Satz 2 der Reichsverfassung vorliegen, ein Schiedsgericht[1]). Dieses besteht aus einem von der Reichseisenbahnverwaltung ernannten Mitglied, einem Angehörigen einer Organisation, die der Beamte bezeichnet, und aus einem von diesen zu wählenden Obmann. Einigen sich die Schiedsrichter nicht über den Obmann, so wird dieser von dem Präsidenten des für den Dienstort des Beamten zuständigen Landgerichts ernannt.

Siehe auch Schlußprotokoll (unten S. 52)

[1]) Art. 16 RV. lautet: „Die mit der unmittelbaren Reichsverwaltung in den Ländern betrauten Beamten sollen in der Regel Landesangehörige sein. Die Beamten, Angestellten und Arbeiter der Reichsverwaltung sind auf ihren Wunsch in ihren Heimatgebieten zu verwenden, soweit dies möglich ist und nicht Rücksichten auf ihre Ausbildung oder Erfordernisse des Dienstes entgegenstehen." Art. 16 Satz 1 RV. sichert das, was der Vertrag als „landsmannschaftlichen Charakter" der Verwaltung bezeichnet; Rechte daraus kann nur das Land, nicht der einzelne Beamte herleiten; die Zuständigkeit zur Entscheidung wird durch Schlußprot. zu § 37 dem Reichsrat übertragen. Unter den „mit der unmittelbaren Reichsverwaltung betrauten Beamten" sind, wie das Schlußprotokoll (zu § 37 Abs. 2 Satz 1) feststellt, nicht nur die leitenden, sondern alle Beamten der Reichseisenbahnen zu verstehen. Art. 16 Satz 2 RV. gibt dem einzelnen Beamten ein beschränktes Recht auf Beschäftigung in seinem „Heimat-

gebiet", d. h. in dem Lande, dessen Angehöriger er durch Abstammung ist. § 37 sieht in Ergänzung der RV. einen Weg vor, auf dem der Beamte dieses Recht geltend machen kann: Schiedsgericht. — Daß der Begriff „Heimatgebiet" von der RV. offenbar bewußt neben dem Begriff „Land" gebraucht wird (enger, u. U. auch weiter?), sei hier nur angedeutet.

§ 38

Angestellte und Arbeiter. Dienst- und Tarifverträge

1. Das Reich tritt gegenüber den in seinen Dienst übernommenen[1]) Angestellten und Arbeitern in die am 31. März 1920 gültigen Dienst- und Tarifverträge[2]) der Länder ein. Das Reich hat jedoch jederzeit das Recht, die Tarifverträge der Länder zum Zwecke der Einführung eines einheitlichen[3]) Tarifvertrags für die Reichseisenbahnverwaltung auf den Schluß eines Kalendermonats mit einer Frist von vier Wochen zu kündigen.

2. Soweit die Dienstverhältnisse der Arbeiter nicht in Tarifverträgen geregelt sind[4]), bleiben die Bestimmungen der Länder so lange in Kraft, als sie nicht durch einen einheitlichen Tarifvertrag zwischen dem Reiche und den berufenen Vertretungen der Arbeitnehmer aller Länder oder durch eine sonstige einheitliche Regelung[5]) außer Kraft gesetzt werden.

[1]) Die Übernahme vollzieht sich auf Grund von § 25 kraft Gesetzes. [2]) Eintritt in die Tarifverträge gegenüber den Angestellten und Arbeitern schließt den Eintritt gegenüber den Gewerkschaften als Vertragsgegnern in sich. Diesen gegenüber ist auch die Kündigung auszusprechen. [3]) Abstufung der Löhne nach Ortsklassen wird dadurch nicht ausgeschlossen (Aussch. Bericht S. 23). [4]) Z. B. wenn überhaupt kein Tarifvertrag besteht oder wenn er nicht alle Teile des Dienstverhältnisses regelt. [5]) Änderung bestehender allgemeiner Dienstordnungen der Landesverwaltungen ist also, soweit es sich um „Arbeiter" handelt, nur möglich entweder durch Reichstarifvertrag oder durch allgemeine Anordnung des RVM.; dazu vgl. § 41.

§ 39

Ablehnung des Übertritts

Angestellte und Arbeiter, die durch Erklärung[1]) vor dem 1. April 1920 ihre Übernahme in den Reichsdienst ablehnen, bleiben im Dienste der Länder. Soweit die Länder diesen Angestellten und Arbeitern keine angemessene Beschäftigung übertragen können, verpflichten sie sich, den Dienstvertrag zum ersten zulässigen Zeitpunkt zu kündigen[2]). In diesem Falle übernimmt das Reich bis zum Ausscheiden des Angestellten oder Arbeiters die den Ländern ihm gegenüber obliegenden Verbindlichkeiten für die Zeit, in der von dem Angestellten oder Arbeiter dem Lande keine Dienste geleistet werden.

[1]) Für die Erklärung ist keine Form vorgeschrieben. Eine Überlegungsfrist wie im § 26 ist hier nicht vorgesehen, weil der Arbeiter und Angestellte jederzeit kündigen kann. [2]) Wesentlich ist nicht sowohl die Verpflichtung zu kündigen, als vielmehr: Das Reich erstattet die Löhne usw. dem Lande nur, wenn dieses sogleich kündigt. Im übrigen bleibt es den Ländern unbenommen, die Angestellten und Arbeiter in *ihrem* Dienst zu behalten.

§ 40

Wohlfahrtseinrichtungen

1. Das Reich übernimmt die Wohlfahrtseinrichtungen der Länder und führt sie auf Grund der Gesetze, Satzungen und Bestimmungen unter Wahrung der Rechte der Beamten, Angestellten und Arbeiter weiter[1]). Es tritt als Rechtsnachfolger bei den Betriebskrankenkassen und Arbeiterpensionskassen an die Stelle der Länder.

2. Das Reich übernimmt die Verpflichtungen der Länder aus der Bewilligung von Teuerungsbezügen an invalide Arbeiter, die aus dem Eisenbahndienst ausgeschieden sind, und an Hinterbliebene von Arbeitern[2]). Sollte das Reich die Bezüge seiner vor dem 1. April 1920 ausgeschiedenen invaliden Arbeiter oder der Hinterbliebenen von Arbeitern, die vor diesem Zeitpunkt verstorben sind, aufbessern, so wird es die Mittel bereitstellen, die erforderlich sind, damit den in den Ländern am 31. März 1920 vorhanden gewesenen Berechtigten bei gleichen Voraussetzungen in demselben Ausmaß Zulagen gewährt werden können[3]).

3. Das Reich wird an invalide Angestellte und Arbeiter sowie an Hinterbliebene von Angestellten und Arbeitern nach den in den Ländern bisher üblichen Grundsätzen Unterstützungen gewähren.

[1]) Z. T. ergibt sich das schon aus § 1 Abs. 2, nämlich soweit es sich um fest geregelte Rechtsverhältnisse handelt, aus denen der Eisenbahnverwaltung Rechte und Pflichten erwachsen. Z. T. beruhen die sogenannten Wohlfahrtseinrichtungen aber nur auf freiwilligen Leistungen, die die Eisenbahnverwaltungen in Form der Unterstützung besonderer Körperschaften oder eigener Verwaltungseinrichtungen kleiden. [2]) Soweit es sich um *Verpflichtungen* der Länder,

also um Rechtsansprüche der Invaliden und Hinterbliebenen handelt, ergibt sich das aus § 1 Abs. 2 , soweit es sich nicht darum handelt, schlägt Abs. 3 ein. [3]) § 40 Abs. 2 Satz 2 entspricht genau § 28 Abs. 2, § 40 Abs. 3 dem § 28 Abs. 1.

§ 41

Verwaltungsanordnungen zugunsten der Angestellten und Arbeiter

Verwaltungsanordnungen zugunsten der Angestellten und Arbeiter eines Landes[1]) können bis zur Durchführung des Reichsgesetzes über Betriebsräte nur im Benehmen mit der zuständigen Personalvertretung beim Reichsverkehrsministerium[2]) geändert oder beseitigt werden. Ihre gesetzliche Regelung wird dadurch nicht ausgeschlossen.

[1]) Da die Durchführung des Betriebsräte-Gesetzes unmittelbar bevorsteht, hat diese Bestimmung nur kurze Zeit Bedeutung. Übrigens betrifft sie nur **allgemeine** Anordnungen einer Verwaltung zugunsten ihres Personals (z. B. über Dienst- und Ruhezeiten), selbstverständlich nicht jede Einzelanordnung. [2]) Die „Personalvertretung" ist bei Beginn der Verhandlungen über den Staatsvertrag vom RVM. im Einvernehmen mit den großen Beamten- und Arbeiter-Gewerkschaften ins Leben gerufen worden. Sie besteht aus einem größeren (25er) Ausschuß und einem engeren (5er) Ausschuß.

§ 42

Anwartschaften auf eine Beamtenlaufbahn

Das Reich gewährleistet den Angestellten und Arbeitern der Länder die erworbenen Anwartschaften auf eine Beamtenlaufbahn nach Maßgabe des § 33[1]).

[1]) § 42 besagt nichts Neues. Die hier genannten Angestellten und Arbeiter, die eine Anwartschaft erworben haben (nämlich bis 31. März 1920), sind die im § 33 genannten „Beamtenanwärter".

§ 43

Auslegung des Vertrags

Die beteiligten Regierungen können zur Auslegung und Ergänzung dieses Vertrags Fragen, die sich bei seiner Ausführung ergeben sollten, durch weitere Vereinbarungen[1]) regeln[2]). Soweit eine Einigung nicht erfolgt, entscheidet der Staatsgerichtshof[3]).

[1]) Diese Vereinbarungen stehen dann auf der gleichen Stufe wie das Schlußprotokoll (vgl. oben S. 4). [2]) Die „Regelung" muß

sich aber immer im Rahmen der Vertragsbestimmungen halten. Es ist ausdrücklich nur gesagt: „zur Auslegung und Ergänzung", nicht auch: „zur Abänderung". Vor allem darf durch Einzelabmachungen dieser Art nichts an dem Wesen des Vertrages als einer gemeinsamen Vereinbarung aller beteiligten Länder geändert werden. [3]) Die Zuständigkeit des Staatsgerichtshofs zu dieser Entscheidung stimmt mit Art. 19 RV. überein. Wegen der Zusammensetzung des Staatsgerichtshofs vgl. Art. 108, 172 RV.

Berlin, den 31. März 1920.

Die Reichsregierung
Müller Dr. Bell

Berlin, den 3. April 1920.
Die Preußische Staatsregierung
Braun Oeser Lüdemann

München, den 19. April 1920.
Die Bayerische Staatsregierung
Dr. v. Kahr H. v. Frauendorfer
J. V.: Dr. v. Deybeck

Dresden, den 12. April 1920.
Die Sächsische Staatsregierung
Dr. Gradnauer

Stuttgart, den 21. April 1920.
Die Württembergische Staatsregierung
Blos Liesching Hitzler

Karlsruhe, den 22. April 1920.
Die Badische Staatsregierung
Geiß Köhler

Darmstadt, den 24. April 1930.
Die Hessische Staatsregierung
Ulrich Henrich

Schwerin i. M., den 27. April 1920.
Die Mecklenburg-Schwerinsche Staatsregierung
Dr. Wendorff J. Asch

Oldenburg, den 29. April 1920.
Die Oldenburgische Staatsregierung
Tantzen Meyer

Beilage zu § 3 des Staatsvertrags

Grundsätze für die Berechnung des Anlagekapitals und des Ertragswerts

Anlagekapital

Bei der Berechnung des Anlagekapitals auf den 31. März 1920 ist von den Angaben der Statistik der im Betriebe befindlichen Eisenbahnen Deutschlands in der Tabelle 20 Spalte 64 und Tabelle 31 Spalte 26 — dem statistischen Anlagekapital — auszugehen.

Soweit darin nicht schon enthalten, sind dem statistischen Anlagekapital zuzurechnen:

1. die Anlagekosten der Nebenanlagen und Nebenbetriebe, die mit den Eisenbahnen auf das Reich übergehen;
2. 5 v. H. des seit Beginn des Rechnungsjahrs 1881 bestrittenen eigenen Bauaufwandes der Länder aus Bau- und außerordentlichen Fonds als Bauzinsen;
3. die den Ländern bei Begebung von Eisenbahnanleihen erwachsenen Kursverluste, abzüglich der Kursgewinne;
4. staatsseitige Bauaufwendungen für Eisenbahnanlagen, die nicht auf Fonds der Eisenbahnverwaltung verrechnet worden sind;
5. die Wertbeträge der der Staatseisenbahnverwaltung von anderen Staatsverwaltungszweigen oder von anderer Seite unentgeltlich überlassenen Grundstücke, berechnet für den Zeitpunkt der Übergabe an die Staatseisenbahnverwaltung;
6. die in der Reichsstatistik vom Anlagekapital abgesetzten Aufwendungen aus Beiträgen Dritter mit Ausnahme der aus Reichsfonds und der seit Beginn des Rechnungsjahrs 1880 zu später verstaatlichten Bahnen geleisteten Zuschüsse;
7. die seit Beginn des Rechnungsjahrs 1880 gemachten Aufwendungen aus Betriebseinnahmen für:
   a) erhebliche Ergänzungen der Bahnanlagen in Einzelbeträgen von mehr als 20 000 Mark;
   b) Verstärkung des Oberbaues durch schwerere Schienen und Schwellen sowie Verbesserung der Bettung;
   c) sonstige Verbesserungen des Oberbaues durch Vermehrung der Schwellenzahl, Verwendung von schwereren Laschen, Anbringung von Stemmlaschen usw.;
   d) kleinere Ergänzungen der Bahnanlagen im Einzelbetrage von mehr als 2000 Mark bis 20 000 Mark;
   e) Verbesserung und Verstärkung der Fahrzeuge;
   f) Vermehrung und Verbesserung der mechanischen und maschinellen Anlagen;
   g) Vermehrung und Verbesserung der Ausstattungsgegenstände;
   h) Ergänzung des Fuhrparks durch Neubeschaffung oder Umbau von Fahrzeugen über den Ersatz ausgemusterter Fahrzeuge hinaus.

Der Berechnung der Aufwendungen nach Ziffer 7c bis g ist das Verhältnis zwischen den wirklichen Aufwendungen der Rechnungsjahre 1908 bis 1913 und den Verkehrseinnahmen dieser Rechnungsjahre in der Weise zugrunde zu legen, daß die Verkehrseinnahmen der Rechnungsjahre 1880 bis 1919 (für Mecklenburg-Schwerin, dessen Privatbahnen 1890 verstaatlicht sind, der Rechnungsjahre 1890 bis 1919) mit der errechneten Verhältniszahl vervielfältigt werden.

Die Verhältniszahlen betragen für 100 Mark Verkehrseinnahmen:

für Preußen und für Hessen . .	1,674
für Bayern	2,275
für Sachsen	1,808
für Württemberg	2,802
für Baden	2,058
für Mecklenburg-Schwerin	2,216
für Oldenburg	2,036.

Als Aufwendung für Ergänzung des Fuhrparks durch Neubeschaffung oder Umbau von Fahrzeugen über den Ersatz ausgemusterter Fahrzeuge hinaus gilt der Betrag, um den die fortgeschriebenen Beschaffungskosten der am 31. März 1920 vorhandenen Fahrzeuge die aus Bau- und außerordentlichen Fonds bestrittenen Beschaffungskosten übersteigen.

Soweit bisher, wie z. B. beim Bau neuer Bahnen, die Zuschreibung der gesamten Bauaufwendungen zum Anlagekapital erst nach Fertigstellung der gesamten Bauausführung zu erfolgen hatte, werden abweichend hiervon die bis zum 31. März 1920 entstandenen Aufwendungen für eine Teilausführung bereits zum 31. März 1920 dem Anlagekapital hinzugerechnet.

Die für die preußisch-hessische Gemeinschaft berechneten Aufwendungen nach Ziffer 7 werden zwischen Preußen und Hessen in der Weise geteilt, daß Hessen das Mittel zwischen den nach der Eigentumslänge der beiderseitigen Netze am 31. März 1920 und dem nach der Teilungsziffer der Artikel 8 bis 11 des Staatsvertrags zwischen Preußen und Hessen vom 23. Juni 1896 berechneten Anteile erhält. Bei der Feststellung der Eigentumslänge werden dem preußischen Netze die nach dem Friedensvertrag abgetretenen Strecken hinzugerechnet.

Ertragswert

Der Ertragswert ist in der Weise zu berechnen, daß aus dem nach vorstehendem ermittelten Anlagekapital unter Zugrundelegung eines Hundertsatzes von:

für Preußen und für Hessen . . .	6,16
für Bayern	5,27
für Sachsen	4,77
für Württemberg	3,76
für Baden	4,51
für Mecklenburg-Schwerin	3,02
für Oldenburg	5,78

für jedes Land ein Durchschnittsbetrag berechnet und dieser mit 25 vervielfältigt wird.

Schlußprotokoll[1])

Die Reichsregierung und die Regierungen von Preußen, Bayern, Sachsen, Württemberg, Baden, Hessen, Mecklenburg-Schwerin und Oldenburg vereinbaren zu dem Staatsvertrag über den Übergang ihrer Staatseisenbahnen auf das Reich noch nachstehendes:

Zu § 1

Das Reich wird die Bodenseedampfschiffahrt unter den gleichen Gesichtspunkten wie die Eisenbahnen einheitlich betreiben[2]). Falls es die Verwaltung der Bodenseedampfschiffahrt an einer Stelle vereinigt, wird es vor der Bestimmung des Sitzes dieser Stelle den beteiligten Regierungen Gelegenheit zur Stellungnahme geben[3]).

Zu § 2

Das Reich wird die Durchführung[4]) von Starkstromleitungen für die allgemeine Elektrizitätswirtschaft der Länder[5]) durch das Bahngelände gestatten, soweit die Betriebsinteressen der Eisenbahn das zulassen. Andere Gebühren als Anerkennungsgebühren sollen dafür nicht erhoben werden.

---

[1]) Das Schlußprotokoll ist ein Staatsvertrag der Regierungen wie jeder sonstige Staatsvertrag. Die Volksvertretungen sind an seinem Abschluß nicht beteiligt; er ist ihnen nur zur Kenntnis mitgeteilt worden. Daher auch Änderungen möglich durch die Regierungen allein. Die Nationalversammlung hat zu der Frage, inwieweit das Schlußprotokoll rechtliche Verbindlichkeit für das Reich schaffe, keine Stellung genommen. In der Ausschußberatung wurde festgestellt, daß es, soweit es Hoheitsrechte behandelt, für den zukünftigen Gesetzgeber ganz unverbindlich sei (Aussch. Bericht S. 24). Das Schlußprotokoll gilt nur für die acht vertragschließenden Länder, nicht auch für die Länder ohne Eisenbahnen. [2]) Darin liegt Verzicht der Länder, die Bodenseeschiffahrt etwa nach § 1 Abs. 3 Satz 2 vom Übergang auf das Reich auszuschließen. Die Gesichtspunkte für die einheitliche Verwaltung der Eisenbahnen gibt § 16 Abs. 2 im Anschluß an Art. 89 Abs. 1 RV. [3]) Nach Anhörung der Landesregierungen steht die endgültige Entscheidung allein dem RVM. zu. [4]) Als „Durchführung" wird es auch anzusehen sein, wenn die Leitung vor der Kreuzungsstelle auf eine kurze Strecke längs der Bahn verläuft; auch hierzu wird womöglich das Bahngelände freizugeben sein. [5]) Das heißt: für Unternehmungen, die die Länder allein betreiben oder an denen sie überwiegend beteiligt sind; — Gegensatz: Private Leitungen.

Zu § 6

Das Reich wird die bisherigen Bankverbindungen[6]) der Eisenbahnstellen in den Ländern bis auf weiteres aufrechterhalten[7]).

Zu § 17

Die in Einrichtung begriffenen Kraftwagenlinien, soweit sie an die Reichseisenbahnverwaltung übergehen[8]), sind den begonnenen Bauten gleichzuachten.

Zu § 18

Das Reich wird bei der Auswahl der Nebenbahnlinien im Rahmen der allgemeinen Nebenbahnpolitik auf die bisherigen Absichten der Länder[9]) möglichst Rücksicht nehmen. Diese Bestimmungen gelten auch für Kraftwagenlinien.

Zu § 22

1. Das Reich wird den Mitgliedern[10]) der gesetzgebenden Körperschaften der Länder in dem bisherigen Umfang Freifahrt gewähren.

2. Bei der Zusammensetzung des Reichseisenbahnbeirats und der örtlichen Beiräte sind die wirtschaftlichen Körperschaften und die Vertretungen der Erzeuger- und Verbraucherkreise der Länder nach ihrer Bedeutung für das Wirtschaftsleben des Landes zu berücksichtigen[11]).

---

[6]) Damit sind nicht nur Banken im engeren Sinn, sondern auch ähnliche Anstalten des öffentlichen Rechts, wie Gemeinde-Giroverbände, gemeint. [7]) Rechtlich besagt das nicht viel. Denn daß das Reich in die laufenden Verträge mit den Banken eintritt, folgt schon aus § 1 Abs. 2; im übrigen kann sie das Reich jederzeit auflösen. Das „bis auf weiteres aufrechterhalten“ begründet mehr eine moralische Verpflichtung. [8]) Vgl. § 1 Abs. 3. [9]) Diese Absichten sind namentlich bei den bisherigen Eisenbahnverhandlungen in den einzelnen Landtagen zum Ausdruck gekommen, z. T. in fest abgegrenzten Bauprogrammen (Rangordnung der einzelnen Neubaulinien). [10]) Auch künftigen Mitgliedern, nicht bloß den gegenwärtigen für ihre Person. [11]) Demnach sind jedenfalls einzurichten: ein allgemeiner Beirat für den gesamten Bereich der Reichseisenbahnen und daneben für einzelne Bezirke oder Gruppen von Bezirken örtliche Beiräte. Im übrigen gibt Abs. 2 nur eine an sich selbstverständliche Richtlinie für die Verordnung über Eisenbahn-Beiräte, die die Reichsregierung gemäß Art. 93 RV. mit Zustimmung des Reichsrats erlassen muß. Abs. 3 dagegen begründet einen förmlichen Anspruch der Länder, die am Schlußprotokoll beteiligt sind.

3. Den Landesregierungen steht das Recht zu, Vertreter zur Teilnahme **an den** Verhandlungen dieser Beiräte abzuordnen.

Zu § 24

a) Grundsätze für die Zeit nach der Neugestaltung des Eisenbahnwesens[12])

1. Es besteht Einverständnis darüber, daß dem Gesichtspunkt der einheitlichen Verkehrsanstalt dadurch Rechnung getragen werden muß, daß die dem Reichs-

---

[12]) Der Abschnitt „zu § 24" behandelt eingehend die Fragen der **Organisation der Reichseisenbahnverwaltung.** Dabei sind drei Zeitabschnitte zu unterscheiden:

a) die Zeit vom Übergange der Staatseisenbahnen auf das Reich (tatsächlich vollzogen am 5. Mai 1920, — mit Rückwirkung auf den 1. April 1920, vgl. oben S. 3 f.) bis zur Übernahme sämtlicher Geschäfte gemäß Ziff. 6 II u. III durch das RVM.;

b) die Zeit von der Beendigung der Bildung des RVM. bis zur Einführung der endgültigen Neuorganisation;

c) die Zeit nach Einführung dieser Neuorganisation der Reichseisenbahnverwaltung.

Zu a: Nach der Verkündung des Gesetzes über den Staatsvertrag hat der RVM. alsbald, am 5. Mai 1920, nur die oberste Leitung und die parlamentarische Vertretung der Reichseisenbahnen übernommen. Gleichzeitig ist die Oberste Betriebsleitung der deutschen Eisenbahnen, die bereits seit Herbst 1919 mit im Namen des Reichs geführt wurde, geschäftlich dem RVM. eingegliedert worden. Im übrigen aber führen die bisherigen Eisenbahnaufsichtsbehörden (Ministerien) der Länder bis auf weiteres als „Zweigstellen" des RVM. wie bisher die Geschäfte so lange weiter, bis diese nach und nach tatsächlich auf das RVM. selbst übergeleitet werden. Das bestimmt Ziff. 6 II u. IV. Nur für diesen ersten Abschnitt der Übergangszeit gilt die Vorläufige Verwaltungsordnung vom 26. April 1920 (RGBl. S. 797). Die Überleitung der Geschäfte auf das RVM. soll bis 1. April 1921 durchgeführt sein: Ziff. 6 III.

Zu b: Wenn das RVM. die Geschäfte sämtlich übernommen hat, hören alle Zweigstellen auf Ministerialstellen (Teile des RVM.) zu sein. In Preußen und Bayern bleiben für den vom RVM. nicht zu übernehmenden Rest der bisherigen Ministerialgeschäfte bis auf weiteres noch „Zentralstellen" bestehen, in den übrigen Ländern verschwinden die Zweigstellen vollständig, so daß dort unter dem RVM. nur noch die Generaldirektionen (in Oldenburg die Eisenbahndirektion) bestehen bleiben. Dieser Zustand, für den die Ziff. 1, 2 und 6 I, II u. V gelten, soll dauern, bis die endgültige Neuverkehrsminister unmittelbar unterstellten Behörden[13]) in ihrer Zuständigkeit einander gleichgestellt[14]) sind.

2. Die Zuständigkeit des Reichsverkehrsministers erstreckt sich auf folgende Angelegenheiten[15]): Aufsicht, oberste Leitung, Festsetzung des Haushalts, Verteilung der

organisation durchgeführt wird. Sobald das RVM. alle Geschäfte übernommen hat, wird es für den Rest der Übergangszeit bis zur Einführung der endgültigen Neuorganisation eine neue Verwaltungsordnung zu erlassen haben, für die allerdings § 3 und die Beilage der Vorläufigen Verwaltungsordnung vom 26. April 1920 (Abgrenzung der Zuständigkeit des RVM.) ihre Geltung behalten.

Zu c: Der Vertrag (§ 24) geht davon aus, daß das Reich die Verwaltung der Reichseisenbahnen von Grund aus neu aufbaut; erst dadurch können die Reichseisenbahnen die einheitliche Verkehrsanstalt werden, die die RV. (Art. 89) verlangt. Für diese endgültige Neuorganisation, die den Übergangszustand mit seiner noch ziemlich äußerlichen Verschmelzung der verschiedenen Landesnetze (b) ablösen soll, geben die Ziff. 1 bis 5 einige Richtlinien.

[13]) „Dem RVM. unmittelbar unterstellte Behörden" sind in der Übergangszeit im ersten Zeitabschnitt (Anm. 12a) die Zweigstellen. Nach Auflösung der Zweigstellen (Anm. 12b) sind es: in Preußen die Eisenbahndirektionen und das Zentralamt, in Sachsen, Württemberg, Baden, Mecklenburg die Generaldirektionen, in Oldenburg die Eisenbahndirektion. Für Bayern läßt sich die Entwicklung heute noch nicht übersehen. Wenn die bayerische Zentralstelle (Ziff. 6 V), wie jetzt als Zweigstelle, eine den Eisenbahndirektionen übergeordnete Behörde bleibt, ist sie für Bayern allein als die dem RVM. unmittelbar unterstellte Behörde anzusehen. Vgl. dazu auch Anm. 16. [14]) Die Zuständigkeit soll demnach nicht nur gegenüber dem RVM., sondern auch nach unten gegenüber den Ämtern und, wenn etwa allgemein Generaldirektionen eingerichtet werden sollten, zwischen diesen und den Direktionen gleich sein. — In der Übergangszeit, für die diese Bestimmung (gemäß Ziff. 6 I) gelten soll, wird sie überhaupt erst mit der Bildung des RVM. praktisch. Denn bis dahin bleiben die jetzigen Zuständigkeitsordnungen der einzelnen Verwaltungen bestehen. Aber auch während dieses zweiten Übergangsabschnitts (Anm. 12b) läßt sich Ziff. 1 noch nicht voll durchführen, weil die Zuständigkeiten der höheren Eisenbahnbehörden nach unten zunächst noch wie bisher, d. h. in den einzelnen Netzen verschieden, bleiben müssen. Gegenüber dem RVM. müssen aber die Zuständigkeiten sowohl der Zweigstellen wie später der Direktionen von Anfang an ganz gleich sein. [15]) Hierzu ist bei den Verhandlungen der Regierungen ausdrücklich festgestellt worden, daß diese Richtlinien für die Zuständigkeiten des RVM. den Reichsrat in seiner Entschließung gemäß Ziff. 3 nicht binden sollen (vgl. Begründung des preuß. Gesetzentwurfs, Drucksache der Pr. Landesvers. Nr. 2097 Spalte 19 unten). Es handelt sich also hier nicht um eine unverrückbare Schranke für die Neuorganisation.

Haushaltsmittel, Regelung der allgemeinen Verkehrspolitik, Festsetzung allgemeiner Dienstvorschriften, Erlaß einheitlicher Vorschriften für Rechts- und Dienstverhältnisse des Personals, für das Kassen- und Rechnungswesen und für die einzelnen Dienstzweige des Betriebs, Verkehrs und Baues, Vertretung der Verwaltung gegenüber der Reichsregierung, dem Reichsrat und der Nationalversammlung. Zur Erfüllung dieser Aufgaben steht dem Reichsverkehrsminister ein durchgreifendes Anordnungsrecht zu.

3. In jedem Lande wird sich dauernd der Sitz mindestens einer höheren Reichseisenbahnbehörde[16]) für die Verwaltung eines Eisenbahnbezirkes befinden[17]). Die nach Übernahme der Staatseisenbahnen durch das Reich beabsichtigte Neuordnung der Reichseisenbahnverwaltung (Verwaltungsordnung) ist nach verkehrstechnischen und wirtschaftlichen Grundsätzen vorzunehmen. Sie unterliegt ebenso wie spätere wichtige Änderungen grundsätzlicher Art der Genehmigung des Reichsrats[18]).

---

[16]) Der Begriff „Höhere Reichseisenbahnbehörde" ist nicht gleichbedeutend mit demjenigen der „dem RVM. unmittelbar unterstellten Behörden" (Ziff. 1). Höhere Eisenbahnbehörden für die Verwaltung eines Bezirks sind im Gegensatz zum Ministerium (einschl. Zweigstellen) die obersten **Bezirks**behörden der Eisenbahn, zur Zeit die Generaldirektionen und die Eisenbahndirektionen. Wenn nach dem Übergang der Ministerialgeschäfte von den Zweigstellen auf das RVM. selbst eine Zentralstelle gemäß Ziff. 6 V (z. B. für Bayern) bestehen bleibt, hört sie auf, Teil des RVM. zu sein, und wird „Höhere Eisenbahnbehörde". Da es begrifflich nicht möglich ist, daß im Behördenaufbau unter einer „Höheren Eisenbahnbehörde" wieder eine solche steht, vielmehr für die Verwaltung eines Bezirks nur **eine** solche Stelle bestehen kann, können die bayerischen Eisenbahndirektionen, solange zwischen ihnen und dem RVM. eine Zentralstelle steht, nicht als „Höhere Eisenbahnbehörden" gelten, — ebensowenig wie etwa die sächsischen Betriebsdirektionen. [17]) Hierzu gehört unmittelbar Ziff. 5, wo der Fall gesetzt wird, daß unter dem RVM., aber über den bestehenden Direktionen, einige wenige neue Gruppendirektionen (Generaldirektionen) mit großen Bezirken eingerichtet werden sollten. [18]) Ein gewisser Widerspruch liegt darin, daß nach Ziff. 3 der Reichsrat die Neuordnung genehmigen, also über die Organisationsfragen endgültig entscheiden soll, und daß gleichzeitig nach Ziff. 4 und 5 die Zustimmung der Länder vorbehalten ist. Wenn nicht in der Zwischenzeit der Gedanke der Einheit im Verkehrswesen noch Boden gewinnt, muß auf schwierige Verhandlungen gerechnet werden, ehe die hier

4. Bei ihrer Zustimmung zu den organisatorischen Bestimmungen des Übernahmevertrags setzt die Bayerische Regierung das Einverständnis des Reichs zu folgendem voraus:

Auch die Neugestaltung des Eisenbahnwesens darf nur im Sinne einer vollwirksamen Dezentralisation der Reichsverwaltung nach verkehrstechnischen und wirtschaftlichen Gesichtspunkten erfolgen, was auch im § 24 des Vertrags allgemein ausgesprochen ist. Diesem Grundsatz wird für Bayern nur Rechnung getragen werden können, wenn der Sitz der bayerischen Landesregierung als Hauptstadt einer größeren politischen Gemeinschaft und Mittelpunkt eines einheitlichen Wirtschaftsgebiets auch ferner der Sitz einer im wesentlichen das bayerische Wirtschaftsgebiet[19]) zusammenfassenden Reichseisenbahnbehörde bleibt, deren Zuständigkeiten nach dem Grundsatz einer vollwirksamen Dezentralisation zu bemessen sind[20]). Die Bayerische Regierung geht daher davon aus, daß eine hiervon wesentlich abweichende spätere Bezirkseinteilung oder eine Verlegung des Sitzes dieser Behörde von München von ihrer Zustimmung abhängig ist.

---

nötige Übereinstimmung erzielt wird (vgl. oben S. 5). Für die Verwaltungsordnung der Übergangszeit (Abschnitte a und b im Sinne von Anm. 12) ist nicht Genehmigung des Reichsrats vorgesehen; indessen hat die Reichsregierung den Ländern (außerhalb des Vertrags und des Schlußprotokolls) zugesagt, bei Widerspruch eines Landes sich der Entscheidung des Reichsrats zu unterwerfen. [19]) Ob die Pfalz zum „bayerischen Wirtschaftsgebiet“ gehört und vor allem dauernd dazu oder nicht vielmehr zum südwestdeutschen Wirtschaftsgebiet zu rechnen ist, bleibt hiernach offen. Vom Standpunkt des Verkehrs wird man das letztere anzunehmen haben. [20]) Hierzu gilt Ziff. 1, wonach Bayern keine andere Zuständigkeitsordnung erhalten darf als die übrigen Länder. Das bedeutet, da die Münchener Stelle nach Ziff. 4 ganz Bayern umfassen soll: Ohne Zustimmung der bayerischen Regierung zu einer anderen Regelung kann das Reich die Neuordnung nur so vornehmen, daß Eisenbahndirektionen oder Gruppendirektionen (Generaldirektionen) mit Bezirken etwa von der Größe des bayerischen rechtsrheinischen Netzes eingerichtet werden. — Daß die bayerische Stelle nach Auflösung der Zweigstellen (Ziff. 6 V) keine Ministerialinstanz ist, wurde bei den Vertragsverhandlungen ausdrücklich festgestellt (vgl. Begr. des preuß. Gesetzentwurfs, Drucks. 2097 Spalte 20).

5. Die vorstehende Erklärung Bayerns gibt den übrigen Ländern Anlaß, ihrerseits folgendes zu erklären:

Sie gehen davon aus, daß, wenn zwischen die in Ziffer 3 erwähnte höhere Eisenbahnbehörde und das Reichsverkehrsministerium eine neue Behörde eingeschoben werden soll, die Zustimmung der beteiligten Länder einzuholen ist.

b) Grundsätze für die Übergangszeit[12])

6. Für die Zuständigkeitsregelung und Behördengliederung der Reichseisenbahnverwaltung bis zur Neugestaltung des Eisenbahnwesens (vgl. Ziffer 3) vereinbaren die Vertragschließenden folgendes:

I. Die Vereinbarungen gemäß Ziffer 1[21]) und 2[22]) zu § 24 des Schlußprotokolls finden Anwendung.

II. Mit dem 1. April 1920 übernimmt das Reichsverkehrsministerium die oberste Leitung[23]) der Reichseisenbahnen und die Vertretung der Verwaltung gegenüber der Reichsregierung, dem Reichsrat und der Nationalversammlung[24]). Ihm steht hierzu ein durchgreifendes Anordnungsrecht zu.

III. Das Reichsverkehrsministerium übernimmt die übrigen Aufgaben (vgl. Ziffer 2) nach und nach für alle Länder[25]) gleichmäßig bis zum 1. April 1921. Eine

---

[21]) Vgl. oben Anm. 14. [22]) Im einzelnen sollen die Zuständigkeiten des RVM. auch bereits für die Übergangszeit durch eine Verwaltungsordnung festgelegt werden; vgl. oben Anm. 18. [23]) „Oberste Leitung" umfaßt die Aufsicht und das uneingeschränkte Recht der Anordnung, z. B. auch des unmittelbaren geschäftlichen Verkehrs mit jeder Stelle der Reichseisenbahnen. Infolge Verzögerung der Verkündung des Gesetzes konnte die Übernahme nicht am 1. April, sondern erst am 5. Mai 1920 erfolgen. [24]) Vertretung der Reichseisenbahnverwaltung gegenüber den parlamentarischen Körperschaften der Länder kommt nicht mehr in Frage. In diesen Körperschaften können etwaige das Gebiet des Eisenbahnwesens betreffende Fragen nur von der Landesregierung (also z. B. nicht von den Zweigstellen, bei denen dadurch auch Widerstreit der Interessen von Reich und Land entstehen müßte) vertreten werden. Der Landesregierung bleibt es überlassen, sich ihrerseits mit dem RVM. in Verbindung zu setzen (vgl. Ziff. 7). [25]) „Gleichmäßige" Übernahme ist nur möglich, wenn die Aufgaben jeweils eines bestimmten Geschäftsgebiets gleichzeitig für alle Ländernetze vom RVM. übernommen werden. Das folgt schon aus Ziff. 1.

notwendig werdende Verlängerung dieser Frist bestimmt der Reichsverkehrsminister.

IV. Die vom Reichsverkehrsministerium hiernach zu übernehmenden Geschäfte werden bis zur tatsächlichen Überleitung von folgenden Stellen[26]) weiter behandelt:

a) für den Bereich der bisherigen vereinigten preußischen und hessischen Staatseisenbahnen von den Eisenbahnabteilungen des Preußischen Ministeriums der öffentlichen Arbeiten unter der Bezeichnung „Reichsverkehrsministerium, Zweigstelle Preußen-Hessen". Die Eisenbahnabteilung des Hessischen Finanzministeriums wird im Rahmen ihrer Befugnisse aus dem Staatsvertrage zwischen Preußen und Hessen über die gemeinschaftliche Verwaltung des beiderseitigen Eisenbahnbesitzes (vom 23. Juni 1896) an den Geschäften der Zweigstelle beteiligt werden,

b) für den Bereich der bayerischen Staatseisenbahnen von den für Eisenbahnangelegenheiten zuständigen Teilen des Bayerischen Verkehrsministeriums unter der Bezeichnung „Reichsverkehrsministerium, Zweigstelle Bayern",

c) für den Bereich der sächsischen Staatseisenbahnen von der Eisenbahnabteilung des Sächsischen Finanzministeriums unter der Bezeichnung „Reichsverkehrsministerium, Zweigstelle Sachsen",

d) für den Bezirk der württembergischen Staatseisenbahnen von der Verkehrsabteilung des Württembergischen Ministeriums für auswärtige Angelegenheiten unter der Bezeichnung

---

[26]) Die Zweigstellen hören im Augenblick ihrer Entstehung auf, Landesbehörden zu sein; sie werden Reichsbehörden, allerdings nicht völlig selbständige Behörden, sondern Teile des RVM., etwa in der Art von Ministerial-Abteilungen. Soweit diese „Stellen" oder einzelne ihrer Beamten bisher nebenbei noch mit anderen Landesgeschäften als solchen der Eisenbahnverwaltung betraut waren, muß eine Vereinbarung nach Ziff. 8 getroffen werden.

„Reichsverkehrsministerium, Zweigstelle Württemberg",

e) für den Bezirk der badischen Staatseisenbahnen von der Eisenbahnabteilung des Badischen Finanzministeriums unter der Bezeichnung „Reichsverkehrsministerium, Zweigstelle Baden",

f) für die Bezirke der mecklenburgischen und oldenburgischen Staatseisenbahnen erfolgt die einstweilige Weiterbehandlung der Angelegenheiten durch die Generaldirektion in Schwerin und die Eisenbahndirektion in Oldenburg ohne weitere Bezeichnung. Die Bearbeitung von Eisenbahnangelegenheiten durch die Zentralbehörden dieser Länder fällt vom 1. April 1920 weg.

V. Nach der Beendigung der Bildung[27]) des Reichsverkehrsministeriums führen die Zweigstelle Preußen-Hessen und die Zweigstelle Bayern (IVa, b) unter einer noch zu vereinbarenden Bezeichnung diejenigen Geschäfte bis zum Inkrafttreten einer Neuorganisation weiter[28]), die nicht auf das Reichsverkehrsministerium übergegangen sind. In Sachsen, Württemberg und Baden (IVc, d, e) sind sie zu diesem Zeitpunkt auf die Generaldirektionen zu übertragen, soweit dies nicht bereits vorher geschehen sein sollte[29]).

c) Für Übergangszeit und Dauerzustand

7. Soweit die Länder zur Vermittlung eines unmittelbaren Verkehrs zwischen dem Reichsverkehrsministerium und ihren Regierungen einen Bevollmächtigten[30]) bei den Gesandtschaften oder sonstigen Vertretungen der Länder oder bei sonstigen Organen am Sitze der Zentralverwal-

---

[27]) Unter „Bildung des RVM." ist die Übernahme der Geschäfte gemäß III zu verstehen. [28]) Bei den Zentralstellen werden z. B. gewisse Zuständigkeiten in Personal- und in Bausachen verbleiben. [29]) Vorzeitige Auflösung einer Zweigstelle ist nur auf Grund besonderer Vereinbarung zwischen Reich und Land möglich. [30]) Der „Bevollmächtigte" ist nicht Beamter der Reichs**eisenbahn**verwaltung, sondern ein **Landes**beamter.

tungen[31]) bestellen, wird das Reichsverkehrsministerium sich diesem zur ständigen Auskunftserteilung zur Verfügung halten.

8. Auf Antrag einer Landesregierung wird das Reich den Reichseisenbahnbehörden oder einzelnen Beamten Geschäfte der Landesverwaltung auf dem Gebiete des Verkehrswesens[32]) übertragen. Für die Erledigung dieser Geschäfte sind die Anweisungen der obersten Landesbehörden maßgebend[33]).

Zu § 27

1. Die Länder werden die Stellen bezeichnen, die mit der Abwicklung der bisherigen Verwaltung[34]) beauftragt werden. Die Behörden der Reichseisenbahnverwaltung werden dem Ersuchen[35]) dieser Abwicklungsstellen entsprechen.

2. Die obersten Rechnungsbehörden[36]) behalten ihre Befugnisse gegenüber den Stellen und dem Personal der Reichseisenbahnverwaltung hinsichtlich der für die Zeit bis zum 31. März 1920 aufgestellten Rechnungen.

---

[31]) In der Vorlage an den Reichsrat und an die beteiligten Landesversammlungen steht — wie in den Vertragsurschriften — „Zentralverwaltung". Die Mehrzahl ist offenbar Druckfehler. [32]) Z. B. Kleinbahnaufsicht oder Geschäfte einer staatlichen Kraftwagenverwaltung des Landes, auch Bearbeitung von Bahnprojekten für die Landesregierung. Die Kosten trägt aber in jedem Falle das Land anteilig. [33]) Die Beamten bleiben trotzdem dienstlich der Reichseisenbahnverwaltung voll unterstellt, nur die sachliche Erledigung richtet sich nach den Weisungen des Landes. Daraus, daß nach Satz 2 die Anweisungen des Landes maßgebend sein sollen, ergibt sich, daß Satz 1 nur solche Geschäfte im Auge haben kann, die lediglich Landesverwaltung darstellen — nicht aber auch Geschäfte, an denen die Reichseisenbahnverwaltung beteiligt ist; denn dann müßte auch das RVM. Weisungen geben können, und das ergäbe Widerstreit der Interessen. Vgl. auch Anm. 24. [34]) Im wesentlichen wird es sich um die Ausführung des Vertrags auf seiten der Länder handeln, namentlich bezüglich der Abfindung; ferner um die Angelegenheiten des im Landesdienste verbleibenden Personals. [35]) Gemeint ist: Ersuchen um Auskünfte, Feststellungen, Eröffnungen usw., nach Art der sogenannten Rechtshilfe. [36]) Der Länder, im Gegensatz zu den Rechnungsbehörden des Reichs, die an sich vom 1. April 1920 an in vollem Umfange zuständig geworden sind.

Zu § 36

1. Für die Beamten des höheren Dienstes ist eine für die gesamte Reichseisenbahnverwaltung geltende Anstellungs- und Beförderungsliste aufzustellen. Bei den übrigen Beamten werden Listen für engere Bezirke[37]) festgestellt.

2. Die Einreihung der Landesbeamten in die Besoldungsgruppen der neuen Reichsbesoldungsordnung wird das Reich mit den Ländern im einzelnen vereinbaren[38]).

Zu § 37

1. Entstehen Meinungsverschiedenheiten zwischen dem Reiche und den Ländern über die Frage, ob bei Stellenbesetzungen der landsmannschaftliche Charakter des Beamtenkörpers im Sinne des Artikels 16 der Reichsverfassung gewahrt wird, so entscheidet auf Antrag der Länder der Reichsrat[39]).

2. Die vertragschließenden Teile sind darüber einig, daß Artikel 16 Satz 1 der Reichsverfassung auf alle Beamten Anwendung finden soll[40]). Demgemäß ist der landsmannschaftliche Charakter auch in den einzelnen Gruppen der Beamten zu wahren. Die Mitglieder der Direktionen müssen in der Regel[41]) Landeskinder[42]) sein. Ihr Vorstand soll ein Landesangehöriger

---

[37]) Für die Bezirke der Generaldirektionen und Direktionen oder für Gruppen solcher Bezirke. [38]) Darunter ist die geschlossene Einreihung der bisherigen Beamtengruppen (nach den früheren Besoldungsordnungen der Länder) zu verstehen. Die Einreihung der einzelnen Beamten in die einzelnen Gehaltsstufen innerhalb der Besoldungsgruppen ist nicht mit den Ländern zu vereinbaren, sondern vom Reich allein zu regeln. Die Vereinbarungen müssen sich jedenfalls im Rahmen des Besoldungsgesetzes und des Staatsvertrags halten. Abmachungen, die mit diesen Gesetzen im Widerspruch stünden, wären nichtig. [39]) Vgl. Anm. 1 zu § 37 (oben S. 35). [40]) Die Auslegungsregeln, die hier Abs. 2 zu Art. 16 Satz 1 RV. aufstellt, binden auch den Reichsrat bei etwaiger Entscheidung nach Abs. 1. [41]) Gemeint ist: „*sollen* in der Regel". Offen bleibt die Frage, welchen zahlenmäßigen Anteil an der Gesamtzahl die Landesangehörigen bilden müssen, damit die „Regel" gewahrt ist. [42]) „Landes*kinder*" ist Druckfehler. In den Vertragsurkunden des Schlußprotokolls heißt es dafür: Landes*angehörige*. Da die Veröffentlichung im RGBl. für das Schlußprotokoll nur beiläufige Bekanntgabe eines an sich schon rechtswirksamen Vertrages bedeutet, ist der Druckfehler belanglos. — „Landesangehöriger" ist, wer die Staatsangehörigkeit besitzt, gleichviel ob durch Abstammung oder späteren Erwerb. Bei Beurteilung der *Landes*angehörigkeit kommt es hier nicht auf den *Sitz* der Direktion, sondern darauf an, ob Teile des Landes im Direktions*bezirk* liegen.

sein. Die Vorstände der höheren Reichseisenbahnbehörden sollen im Einvernehmen mit der Landesregierung oder der von ihr bestimmten Stelle ernannt werden.

Berlin, den 31. März 1920.

Die Reichsregierung

(usw. Unterschriften wie unter dem Staatsvertrag, vgl. oben S. 39.)

Verfassung des Deutschen Reichs

vom 11. August 1919 (RGBl. S. 1383)

(Auszug der für das Eisenbahnwesen in Betracht kommenden Artikel)

Art. 7. Das Reich hat die Gesetzgebung über: .... 19. die Eisenbahnen, die Binnenschiffahrt, den Verkehr mit Kraftfahrzeugen zu Lande, zu Wasser und in der Luft sowie den Bau von Landstraßen, soweit es sich um den allgemeinen Verkehr und die Landesverteidigung handelt ....

Art. 16. (Abgedruckt oben Seite 35, Anm. 1 zu § 37.)

Art. 19. Über Verfassungsstreitigkeiten innerhalb eines Landes, in dem kein Gericht zu ihrer Erledigung besteht, sowie über Streitigkeiten nichtprivatrechtlicher Art zwischen verschiedenen Ländern oder zwischen dem Reiche und einem Lande entscheidet auf Antrag eines der streitenden Teile der Staatsgerichtshof für das Deutsche Reich, soweit nicht ein anderer Gerichtshof des Reichs zuständig ist.

Der Reichspräsident vollstreckt das Urteil des Staatsgerichtshofs.

Art. 89. Aufgabe des Reichs ist es, die dem allgemeinen Verkehre dienenden Eisenbahnen in sein Eigentum zu übernehmen und als einheitliche Verkehrsanstalt zu verwalten.

Die Rechte der Länder, Privateisenbahnen zu erwerben, sind auf Verlangen dem Reiche zu übertragen.

Art. 90. Mit dem Übergang der Eisenbahnen übernimmt das Reich die Enteignungsbefugnis und die staatlichen Hoheitsrechte, die sich auf das Eisenbahnwesen beziehen. Über den Umfang dieser Rechte entscheidet im Streitfall der Staatsgerichtshof.

Art. 91. Die Reichsregierung erläßt mit Zustimmung des Reichsrats die Verordnungen, die den Bau, den Betrieb und den Verkehr der Eisenbahnen regeln. Sie kann diese Befugnis mit Zustimmung des Reichsrats auf den zuständigen Reichsminister übertragen.

Art. 92. Die Reichseisenbahnen sind, ungeachtet der Eingliederung ihres Haushalts und ihrer Rechnung in den allgemeinen Haushalt und die allgemeine Rechnung des Reichs, als ein selbständiges wirtschaftliches Unternehmen zu verwalten, das seine Ausgaben einschließlich Verzinsung und Tilgung der Eisenbahnschuld selbst zu bestreiten und eine Eisenbahnrücklage anzusammeln hat. Die Höhe der

Tilgung und der Rücklage sowie die Verwendungszwecke der Rücklage sind durch besonderes Gesetz zu regeln.

Art. 93. Zur beratenden Mitwirkung in Angelegenheiten des Eisenbahnverkehrs und der Tarife errichtet die Reichsregierung für die Reichseisenbahnen mit Zustimmung des Reichsrats Beiräte.

Art. 94. Hat das Reich die dem allgemeinen Verkehre dienenden Eisenbahnen eines bestimmten Gebiets in seine Verwaltung übernommen, so können innerhalb dieses Gebiets neue, dem allgemeinen Verkehre dienende Eisenbahnen nur vom Reiche oder mit seiner Zustimmung gebaut werden. Berührt der Bau neuer oder die Veränderung bestehender Reichseisenbahnanlagen den Geschäftsbereich der Landespolizei, so hat die Reichseisenbahnverwaltung vor der Entscheidung die Landesbehörden anzuhören.

Wo das Reich die Eisenbahnen noch nicht in seine Verwaltung übernommen hat, kann es für den allgemeinen Verkehr oder die Landesverteidigung als notwendig erachtete Eisenbahnen kraft Reichsgesetzes auch gegen den Widerspruch der Länder, deren Gebiet durchschnitten wird, jedoch unbeschadet der Landeshoheitsrechte, für eigene Rechnung anlegen oder den Bau einem anderen zur Ausführung überlassen, nötigenfalls unter Verleihung des Enteignungsrechts.

Jede Eisenbahnverwaltung muß sich den Anschluß anderer Bahnen auf deren Kosten gefallen lassen.

Art. 95. Eisenbahnen des allgemeinen Verkehrs, die nicht vom Reiche verwaltet werden, unterliegen der Beaufsichtigung durch das Reich.

Die der Reichsaufsicht unterliegenden Eisenbahnen sind nach den gleichen vom Reiche festgesetzten Grundsätzen anzulegen und auszurüsten. Sie sind in betriebssicherem Zustand zu erhalten und entsprechend den Anforderungen des Verkehrs auszubauen. Personen- und Güterverkehr sind in Übereinstimmung mit dem Bedürfnis zu bedienen und auszugestalten.

Bei der Beaufsichtigung des Tarifwesens ist auf gleichmäßige und niedrige Eisenbahntarife hinzuwirken.

Art. 96. Alle Eisenbahnen, auch die nicht dem allgemeinen Verkehre dienenden, haben den Anforderungen des Reichs auf Benutzung der Eisenbahnen zum Zwecke der Landesverteidigung Folge zu leisten.

Art. 108. Nach Maßgabe eines Reichsgesetzes wird ein Staatsgerichtshof für das Deutsche Reich errichtet.

Art. 171. Die Staatseisenbahnen, Wasserstraßen und Seezeichen gehen spätestens am 1. April 1921 auf das Reich über.

Soweit bis zum 1. Oktober 1920 noch keine Verständigung über die Bedingungen der Übernahme erzielt ist, entscheidet der Staatsgerichtshof.

Art. 172. Bis zum Inkrafttreten des Reichsgesetzes über den Staatsgerichtshof übt seine Befugnisse ein Senat von sieben Mitgliedern aus, wovon der Reichstag vier und das Reichsgericht aus seiner Mitte drei wählt. Sein Verfahren regelt er selbst.

Gedruckt bei E. S. Mittler & Sohn, Berlin SW68, Kochstr. 68–71.